航空运输类专业新形态一体化教材

民航客舱服务

主　编　陈晓燕　陈宝珠
副主编　顾静怡　李　越　王艳红

中国教育出版传媒集团
高等教育出版社·北京

内容提要

本书内容以民航乘务员飞行四阶段任务为主线组织学习模块，每个模块均设置了知识、技能和素养目标。每个模块下面包含若干个工作任务，每个任务由任务引导引入学习内容，以实践演练来提升技能应用，课业栏目既巩固所学内容，又引导学生进行创新思考；附录的拓展内容是成为优秀乘务员的必备基础。

本书为新形态一体化教材，教材部分内容为中英文双语对照，同时配套了在线开放课程，可登录智慧职教MOOC学院（mooc.icve.com.cn），在"客舱服务规范（双语）（课程负责人：陈晓燕）"课程页面观看、学习。书中的重要知识点、技能训练点配套有视频资源，助力学习者知识、技能和素养的提升。

本书可作为高等职业院校、职业本科院校、应用型本科院校及中等职业学校航空运输类相关专业教学使用，也可作为社会从业人员的业务参考书。

图书在版编目（CIP）数据

民航客舱服务 / 陈晓燕，陈宝珠主编. -- 北京：高等教育出版社，2023.7（2025.5重印）
ISBN 978-7-04-060073-5

Ⅰ. ①民… Ⅱ. ①陈… ②陈… Ⅲ. ①民用航空 – 旅客运输 – 商业服务 – 高等职业教育 – 教材 Ⅳ. ①F560.9

中国国家版本馆CIP数据核字（2023）第036499号

Minhang Kecang Fuwu

| 策划编辑 | 张 卫 | 责任编辑 | 张 卫 | 封面设计 | 王 鹏 | 版式设计 | 王艳红 |
| 责任绘图 | 李沛蓉 | 责任校对 | 刘俊艳　刘丽娴 | 责任印制 | 存 怡 | | |

出版发行	高等教育出版社	网　　址	http://www.hep.edu.cn
社　　址	北京市西城区德外大街4号		http://www.hep.com.cn
邮政编码	100120	网上订购	http://www.hepmall.com.cn
印　　刷	北京华联印刷有限公司		http://www.hepmall.com
开　　本	787mm×1092mm　1/16		http://www.hepmall.cn
印　　张	14.25		
字　　数	320千字	版　　次	2023年7月第1版
购书热线	010-58581118	印　　次	2025年5月第2次印刷
咨询电话	400-810-0598	定　　价	42.00元

本书如有缺页、倒页、脱页等质量问题，请到所购图书销售部门联系调换
版权所有　侵权必究
物 料 号　60073-00

前言
Preface

21世纪以来,我国民航业快速发展,以服务"一带一路"为引领的民航发展规划,对民航服务提出了"高水平、国际化"的要求;与此同时,随着信息技术的普遍应用,新工艺、新技术、新理念成为职业教育教材的重要组成部分。

本书编写全面贯彻党的二十大精神,在教材中积极落实立德树人的根本任务,培养学生具有良好的服务意识和树立航空报国的远大志向。本书分为上、中、下3篇,共10个模块。上篇为客舱服务基础知识,包括模块一客舱服务概述;中篇为航前服务准备,包括模块二预先准备阶段、模块三直接准备阶段;下篇为客舱服务实施,包括模块四迎送客服务、模块五餐饮服务技能、模块六特殊旅客服务、模块七国际航班服务、模块八常见投诉与处置、模块九客舱安全管理、模块十航线模拟训练。附录内容包括常见特殊餐分类,部分国内、国际航线概况,世界部门机场基本信息,世界时区知识,民航乘务工作专业术语,乘务专业英文代码,旅客行李运输规定。

本书配套了在线开放课程,内容包括客舱服务概述、预先准备阶段、直接准备阶段、飞行实施阶段、航后讲评阶段、航线模拟训练、课程的最后为期末结课考试。

本书通过设计空中乘务员岗位航班工作模块,以知识、能力、素养为目标,以典型工作任务为载体阐述基本概念、知识点、案例且辅以相应的训练任务,使学生在实践操作中能熟练运用服务技能,树立良好的服务意识、责任意识、创新意识,具备分析和解决实际问题的能力;线上学习资源则以生动的画面示范实践操作技能、展示业务技能的重点和难点,以配合课前、课后的学习需要。

本书具有以下鲜明特色。

1. 情境融入,任务引领

本书采用"模块-任务"的编写模式,每个任务都具有以下特点。

(1)目标明确。每个模块列出知识、技能、素养目标,明确重要知识点、应掌握的技能和养成的素养,便于引导学生有目的地学习。

(2)任务驱动。学习任务以情境案例入手,激发学生的学习兴趣,针对案例设计提问、思考,引出学习知识。

(3)理实一体。以知识点为基础,设置了实践演练栏目,帮助学生巩固所学知识,培养实操能力。

(4)对应评价。课后以课业等形式评价学生对知识点和技能点的掌握程度,培养其独立思考、分析和解决问题的能力。

2. 线上线下，双语应用

本书以客舱服务四个阶段的工作任务、规范和流程为主线来设计教学内容，使学生"在做中学"，熟练掌握客舱服务技能，培养职业素质。

（1）配套了丰富的线上视频资源，增强教材的可读性、趣味性，提升学生对知识、技能的掌握，便于开展课前、课后的学习活动。

（2）教材在情境案例、业务词汇、服务用语等栏目采用中英文双语对照，为培养国际化民航服务人才奠定基础。

本教材由浙江旅游职业学院陈晓燕、陈宝珠担任主编，浙江旅游职业学院顾静怡、李越和三亚中瑞酒店管理职业学院王艳红担任副主编。五位编者长期从事相关课程教学与实际岗位飞行实践，力求教材能充分体现国内外航空公司的实操经验及国内各空乘专业院校的教学经验。

特别感谢国航、南航、厦航、海航、春秋航空、阿联酋航空、新加坡航空资深客舱服务与培训教学专家对本书编写给予的鼓励、支持和指导；感谢三亚航空旅游职业学院何梅的指导；感谢在校学生参与了图片、视频的拍摄工作；在编写过程中，我们参考了大量文献材料，在此向相关作者一并表示感谢。

由于编写时间仓促，加之编者水平有限，书中疏漏与不当之处在所难免，恳请广大读者和专家批评指正。

编者
2023 年 5 月

目录 Contents

上篇 客舱服务基础知识
Part I Basic Knowledge of Cabin Service

模块一 客舱服务概述 / 003
Module 1 Cabin Service Overview

任务一 了解客舱服务的特殊性 / 004
Task 1 Understanding Cabin Services' Features

任务二 了解和培养服务意识 / 008
Task 2 Knowing and Developing Service Awareness

任务三 个性化服务展现民航服务质量 / 011
Task 3 Providing Personalized Services

中篇 航前服务准备
Part II Service Preparations

模块二 预先准备阶段 / 017
Module 2 Preflight Preparation

任务一 个人准备 / 018
Task 1 Individual Preparations

任务二 集体准备 / 022
Task 2 Team Preparation

模块三 直接准备阶段 / 027
Module 3 Ground Preparation

任务一 设备检查 / 028
Task 1 Check and Prepare Equipment

任务二 机供品的检查与准备 / 045
Task 2 Check and Prepare Supplies

任务三 其他服务准备 / 050
Task 3 Other Service Preparations

下篇　客舱服务实施
Part III　Inflight Service Implement

模块四　迎送客服务　/ 057
Module 4　Boarding Service

  任务一　迎客服务　/ 058
  Task 1　Welcome Passengers

  任务二　两舱登机服务　/ 065
  Task 2　Boarding Service for First & Business Class

  任务三　送客服务　/ 070
  Task 3　Farewell Service

模块五　餐饮服务技能　/ 073
Module 5　Meal & Beverage Service Skill

  任务一　使用托盘服务　/ 074
  Task 1　Using Trays

  任务二　餐车的应用　/ 076
  Task 2　Meal Carts

  任务三　水车的应用　/ 079
  Task 3　Drink Carts

  任务四　供餐服务　/ 081
  Task 4　Providing Meal Service

  任务五　酒水服务　/ 087
  Task 5　Beverage Service

  任务六　服务流程　/ 091
  Task 6　Service Flow

模块六　特殊旅客服务　/ 093
Module 6　Special Passengers Handling

  任务一　贵宾和要客服务　/ 094
  Task 1　VIP and CIP Service

  任务二　无成人陪伴儿童、孕妇、老人服务　/ 096
  Task 2　UM，Expectant Mother，Elderly Passengers Service

  任务三　残障旅客服务　/ 104
  Task 3　Handicapped Passengers Service

  任务四　其他特殊旅客服务　/ 110
  Task 4　Other Special Passengers Service

模块七　国际航班服务　/ 115
Module 7　International Flight Operation

　　任务一　出入境服务　/ 116

　　Task 1　Entry and Exit Services

　　任务二　免税品销售服务　/ 128

　　Task 2　Duty Free Goods Sale Service

模块八　常见投诉与处置　/ 133
Module 8　Service Lapses and Recovery

模块九　客舱安全管理　/ 143
Module 9　Cabin Safety Management

　　任务一　客舱安全检查　/ 144

　　Task 1　Cabin Safety Check

　　任务二　出口座位旅客确认　/ 147

　　Task 2　Exit Passenger Evaluation

　　任务三　舱门滑梯预位/解除预位操作　/ 150

　　Task 3　Door Slide Operation

　　任务四　安全演示　/ 153

　　Task 4　Safety Demonstration

　　任务五　客舱安全程序　/ 156

　　Task 5　Cabin Safety Procedure

　　任务六　客舱安全管理　/ 161

　　Task 6　Cabin Safety Management

模块十　航线模拟训练　/ 167
Module 10　Operating a Flight

　　任务一　国际中长航线训练　/ 168

　　Task 1　International Medium/Long-Range Flight

　　任务二　国内中短航线训练　/ 175

　　Task 2　Domestic Medium/Short Flight

附录　/ 193
Appendixes

参考文献　/ 217
References

二维码资源目录
QR Code Resource Catalog

资源名称	页码
视频:服务的涵义	008
视频:服务意识与乘务员素质	011
视频:乘务员典型航班任务	013
视频:预先准备阶段(个人准备)	018
视频:机组协同会(1)	025
视频:机组协同会(2)	025
视频:预先准备阶段(集体准备)	026
视频:设备确认——旅客座椅	040
视频:设备确认——旅客服务组件	041
视频:登机牌	063
视频:登机服务	063
视频:托盘	074
视频:餐车	076
视频:餐水车的摆放	079
视频:餐水车的应用	079
视频:水车摆放	080
视频:餐食发放	083
视频:特殊餐知识	086
视频:特殊餐发放规范	086
视频:酒水服务	087
视频:特殊旅客服务	094
视频:重要旅客服务	095
视频:无成人陪伴儿童服务	097
视频:老年旅客服务	102
视频:轮椅旅客服务	107
视频:遣返在押旅客	111
视频:海关、移民、检疫相关知识	117
资料:美国海关申报单(英文版)	125
资料:美国海关申报单(中文版)	125

续表

资源名称	页码
视频：机上免税品销售	129
资料：美国出入境表格 I-94	131
视频：客舱安全检查	147
视频：紧急出口位置介绍	149
视频：A320 型舱门操作程序	151
视频：B737 型舱门操作程序	152
视频：安全演示	155
视频：客舱安全管理	162
视频：电子设备使用规定	162
视频：航线训练	183

上篇　客舱服务基础知识
Part I　Basic Knowledge of Cabin Service

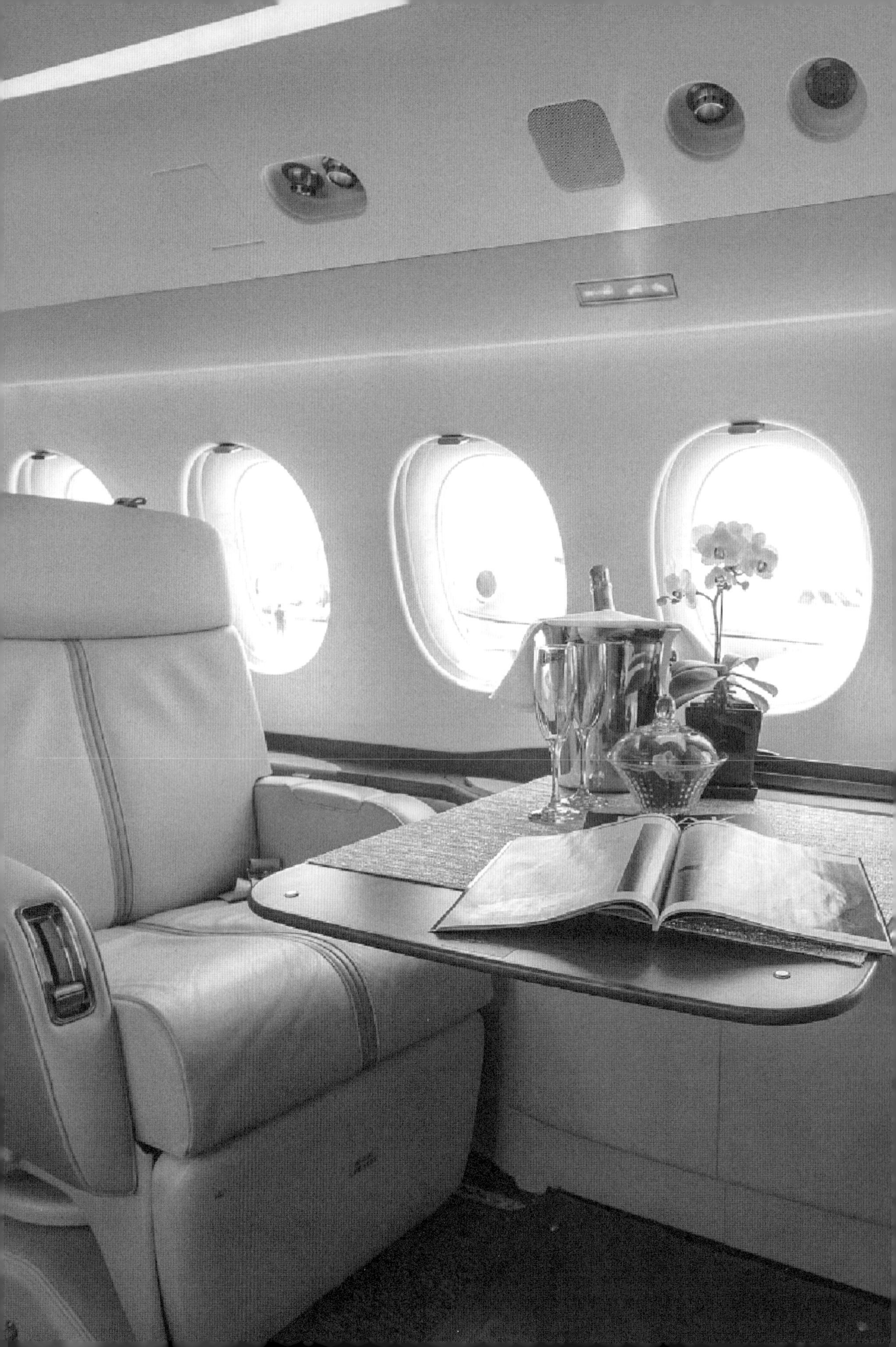

模块一 客舱服务概述
Module 1 Cabin Service Overview

○ 学习目标

- 知识目标
  1. 了解民航乘务的历史。
  2. 了解客舱服务的基本概念和内容。
  3. 了解客舱服务的特殊性。
- 能力目标
  1. 能明确客舱服务的基本内容和要求。
  2. 能运用所学知识扩展和创新客舱服务内容。
- 素养目标

  培养良好的服务意识,树立航空报国的远大志向。

任务一 了解客舱服务的特殊性
Task 1　Understanding Cabin Services' Features

任务引导

客舱服务是空乘人员与乘客近距离交流与接触的环节，客舱服务的品质往往代表着航空公司的品质，也是乘客对乘机感受最直观的一个环节。通过本任务的学习，学生可以从乘务的起源与发展了解客舱服务的重要性和特殊性。

情境案例

20世纪20年代，飞机机舱内部的布局都大同小异，头顶上方的兜网储物层（见图1-1），像极了火车内部的设备。由于储藏技术所限，早期客机上只提供饮料和即食冷餐，到1936年首架增设配餐间的DC-3客机才解决了食物储存的问题，其抽屉式备餐间结构设计沿用至今。

In 1920s, most of the aircraft cabin layout are similar, fitted with net style luggage holder (see fig 1-1) above passenger seats, just like those in a train. Owing to the limited food preservation technology, only drinks and simple cold meals are available. This situation got changed when in 1936 the first DC-3 plane equipped with galley solved the problem. The drawer style galley configuration is still in use today.

图1-1　20世纪20年代的客舱
Fig 1-1　Aircraft cabin in 1920s

• 思考

1. 20 世纪 20 年代，在客舱无增压、无空调的情况下，旅客的需求是什么？

In 1920s, what kind of needs might passengers have in the cabin with no cabin pressurization, air conditioning?

2. 与早期相比，今天的客舱服务内容有哪些不同？

What are the differences in cabin service between old time and nowadays?

1.1　全球首位空乘　The first cabin crew

知识链接

一、第一位空中乘务员　The First Air Hostess

1929 年，美国泛美航空（Pan Am）首次出现了提供客舱服务的空中乘务员。而更广为人知的是第一位女性空中乘务员艾伦·丘奇（Ellen Church），她于 1930 年在一架波音客机上开始了为期 3 个月的职业生涯。有趣的是，艾伦·丘奇是因为护士的职业背景而被录用的，被录用后，她又帮助公司招募了其他空中乘务员（图 1-2 展示了 1936 年的客舱服务）。

那么中国的空中乘务员（女性空中乘务员简称空姐）又是什么时候出现的呢？据当时《申报》记载，欧亚航空公司（中国最早的国际航空公司）1937 年首次招聘空姐的条件有：年龄为 20~25 岁，身高为 1.5~1.7 米，体重为 40~59 千克，能说粤语、国语、英语，并能读写中英文等。由于严格的条件限制，直到 1938 年才有了 6 名合格的空中乘务员（图 1-3 为 1947 年的中国空姐形象）。

图 1-2　1936 年的客舱服务

Fig 1-2　Cabin service in 1936

图 1-3　1947 年的中国空姐

Fig 1-3　China air hostess in 1947

二、相关术语　Terminologies

合格证持有人(carrier)指的是大型航空器公共运输承运人,即航空公司。

客舱乘务员(cabin attendant,flight attendant)指的是出于对旅客安全的考虑,受合格证持有人指派在客舱执行值勤任务的机组成员。

飞行机组成员(flight crew,pilot)指的是飞行期间在飞机驾驶舱内执行任务的驾驶员和飞行机械员。

机组成员(crew member)指的是飞行期间在航空器上执行任务的航空人员,包括飞行机组成员和客舱乘务员。

机长(captain)指的是经合格证持有人指定,在飞行时间内对飞机的运行和安全负最终责任的驾驶员。

1.2　客舱服务内涵　What is Cabin Service

知识链接

一、服务的内涵　The Connotation of Service

服务(service,serve)既是一个名词,也是一个动词,具有"无形"的特点,以下为常见的对于服务的描述。

(1) 服务一般只是指社会成员之间相互提供方便的一类活动,通常指有偿、直接或间接地提供方便的经济性劳动服务。

(2) 服务是个人或社会组织为消费者直接或凭借某种工具、设施、设备和媒体等所做的工作或进行的一种经济活动,是向消费者个人或企业提供的,旨在满足对方某种特定需求的一种活动和好处。

(3) 服务是指为他人做事,并使他人从中受益的一种有偿或无偿的活动。服务不以实物形式而以提供劳动的形式满足他人某种特殊需要。其生产可能与物质产品有关,也可能无关,是对其他经济单位的个人、商品或服务增加价值,并主要是以活动形式表现的使用价值或效用。

服务的英文为service,业界对此有如下理解。

(1) S——微笑待客(smile for everyone),E——精通业务(excellent in what you do),R——对顾客热情友善(reaching out to every customer with hospitality),V——视每一位顾客为特殊和重要顾客(viewing every customer as special),I——诚挚邀请顾客的再次光临(inviting your customer to return),C——营造温馨的服务环境(creating a warm atmosphere),E——用眼神表达对顾客的关心(eye contact that shows we care)。

(2) S——真诚待客(sincere),E——高效(efficient),R——随时准备服务(ready to serve),V——重视顾客(value your customer),I——主动性(initiative),C——礼貌(courteous),E——

优质、优秀（excellent）。

二、客舱服务的内涵　The Connotation of Cabin Service

客舱服务是指以客舱内的设施设备为依托，由乘务员为旅客提供能够适合和满足其物质和精神需要的有形的物质与无形的服务。客舱服务的质量由技术质量（包括设施设备、实物、乘务员的专业技术等）和功能质量（包括多媒体娱乐、杂志、报纸、餐饮等）构成。

从狭义角度看，客舱服务是按照航空公司的规范要求，以满足旅客需求为目的，为航班旅客提供服务的过程。从广义上来说，客舱服务是以客舱为服务场所，以个人的影响力与展示性为特征，将有形的技术服务与无形的情感传递融为一体的综合性活动。

由此可见，优质服务包含"硬服务"和"软服务"两个元素。硬服务指的是服务的固有特性，以具体指标和标准来考核衡量的服务，是兑现承诺，满足需求的工作；而软服务指的是服务的附加特性，在服务中赋予企业文化、理念层次的精神价值，软服务的实现过程能急剧提升旅客满意程度。

三、客舱服务的特殊性　Special Features in Cabin Service

客舱服务是一个体现完美的过程，服务的过程除了提供必要的规范服务之外，还传递着一种精神，传承着一种文化，区别于其他的服务，客舱服务是在特殊的环境下对旅客进行的服务，由于环境等因素的限制，客舱服务具有的特殊性体现在不同方面。

1. 安全责任重大　Significant Safety Responsibility

机组成员的基本任务是保障旅客的安全。乘务人员首先是安全人员，面对形形色色的旅客，乘务员担负着观察、发现、处理各种安全、医疗隐患的任务，担负着维持客舱秩序的任务，在紧急情况下，乘务员更担负着面对旅客、面对危机的责任。因此，客舱服务中的安全责任远远超过其他服务行业。

2. 服务环境特殊　Constrained Service Environment

客舱是一个特殊场所，面积狭小，设施功能特殊，服务受限。大部分的服务又是在运动中开展的，服务过程在很多时候都受到飞行状态、各种规范的制约。因此，服务行为既有机动性，又必须符合规范的要求，在服务过程中乘务人员要密切配合，发挥团队精神。另外，由于飞行环境、服务对象及服务过程的特殊性，服务过程中会出现各种情况和突发事件，这对乘务员的心理素质和综合素质提出了较高的要求。

3. 个性服务需求　Service to Individual Requirements

飞行过程中，不同飞行阶段、不同气象条件都会使旅客有不同的心理感受和身体反应，甚至有些旅客会有恐飞的心理；而且旅客来自各行各业，背景差异大。这就需要乘务员包容、周到，采取积极措施，兼顾旅客的物质、精神双方面的诉求，进行个性化服务。

4. 旅客期待值高　High Expectations from Passengers

民航旅客对空中乘务员的服务期待很高，尤其是常年飞行的商务旅客，对于不同航空公司的服务见识较多，会进行比较。这时候，航空公司的硬件条件和乘务员的言谈举止、服务意识、服务态度、服务效率等都成为旅客高度关注的方面,这就要求乘务员具有较强的沟通能力和应变能力;同时还要具有很强的亲和力和服务意识。这能力超过了普通的服务范畴,需要乘务人员具备较高的综合素质。

视频:服务的涵义

任务二 了解和培养服务意识
Task 2　Knowing and Developing Service Awareness

任务引导

服务意识是员工站在顾客立场上为顾客着想的一种意识,是一个人对服务的理解以及在理解该服务后表现出来的一种自觉行为。在客舱服务中,乘务员的服务意识往往决定了航空公司的服务质量。通过本任务的学习,学生能够认识到服务意识的重要性并在今后的学习和工作中不断培养、强化个人的服务意识。

情境案例

某航班餐饮服务结束后,一位经济舱旅客走到前舱,要求使用前舱洗手间。为确保飞行安全,航前机组协同会中要求在正常情况下,前舱洗手间仅供头等舱旅客使用。所以乘务员直接告知该旅客去后面的经济舱使用洗手间。事后旅客写信投诉,表示自己使用前舱洗手间事出有因,该乘务员不仅没有向自己解释不能使用洗手间的原因且服务态度差。

After meal service, an economy class passenger came to forward galley requiring using the lavatory within this area.　As a normal operation, forward lavatory is only for first class passengers to ensure security according to the coordination briefing held before flight.　So cabin attendant told the passenger to go to the economy class lavatory located in rear cabin.　After flight the passenger wrote a letter complaining about this issue, he insisted that the cabin attendant neither listened to his reason of doing that nor explained to the passenger why he couldn't use the forward lavatory, and even worse, she was impolite in service attitude.

• 思考

你认为在这个案例中,乘务员有哪些地方需要改进?怎么改?

In this case, what did the cabin attendant need to improve?　How to improve?

知识链接

旅客是通过自身的感受来评价乘务员的服务意识和航空公司的服务质量的。乘务员应避免提供漠不关心、按部就班的服务,应力求提供热情友好的优质服务让旅客感受到舒适、亲切、安全、方便、尊重。这就要求乘务员具备良好的服务意识,主要包括积极的精神状态、端正的服务态度,以及良好的观察分析能力、判断推理能力和服务执行能力。

一、良好的精神状态 Good mental state

第一印象(first impression)指的是知觉主体与陌生人第一次接触或交往后所得的印象。第一印象主要根据对方的表情、姿态、身体、仪表和服装等而对其形成一个大致的判断,常常成为人们决定自己第二次乃至以后交往行为的依据。

客舱服务中的第一印象尤为重要,对旅客来说第一眼看到的便是乘务员的面部表情。所以微笑服务是客舱服务中最基础也是最重要的礼节。微笑可以缩短乘务员与旅客之间的距离,恰到好处的微笑可以表现出乘务员的友好与真诚。当乘务员面对旅客时应先用目光向对方问好,然后将笑容弥漫到整张脸上。这一笑容应停留3~5秒,这种微笑会使每一位旅客都感到乘务员是特别展现给他的,因此能深深打动每一位旅客(见图1-4)。

图1-4 真诚友好的微笑能深深打动每一位旅客
Fig 1-4 A sincere and friendly smile can deeply impress every passenger

除了微笑服务,客舱服务中的语言礼仪要求"客来有迎声、客问有答声、工作失误有道歉声、受到帮助有致谢声、旅客走时有送声"。为旅客服务时要做到:先敬语,再介绍物品名称,介绍顺序为先里后外、先女宾后男宾、先宾后主、先左后右。这些都是服务礼仪中乘务员要时时放在心上的要求。

二、端正的服务态度 Service Attitude

客舱服务中服务态度的基本要求是热情主动、耐心周到、友好和蔼,其核心就是对旅客的尊重与友好。服务态度的好坏关系到客舱服务竞争力的大小,乘务员要做到不卑不亢,

009

从内心出发,用真诚的服务赢得旅客的好感。

1. 认真负责　Responsible

急旅客之所需,想旅客之所求是一名合格的乘务员应有的服务态度,应设身处地为旅客考虑,旅客的需要就是自己的需要,把旅客的需要放在首位。

2. 积极主动　Initiative

自觉地把服务工作做在旅客提出要求之前。例如,冬天看到旅客穿着单薄,主动为旅客递上毛毯和热水,这不仅让旅客暖了身,更暖了心。

3. 热情耐心　Patient

对待旅客要态度和蔼、语言亲切。客舱工作比较琐碎,乘务员一定要不急不躁,更不能带着情绪为旅客服务。遇到抱怨的旅客应认真解释,绝不与其争辩,尽力为其解决问题。

4. 细致周到　Considerate

乘务员要善于观察和发现旅客的心理。懂得从旅客的神情、动作中发现其需求。把握时机,服务于旅客开口之前,将服务完成在旅客的期望值之上。

5. 文明礼貌　Courteous

乘务员需提高自己的文化修养,要语言健康,举止端庄。待人接物应不卑不亢,除了熟悉服务知识之外还要了解并尊重不同国家、民族的风俗习惯、宗教信仰和忌讳。

三、如何提高服务水平　How to Improve Service Skill

一名优秀的乘务员需要知道旅客需要什么,重视什么。应该从旅客的角度出发,站在旅客的立场考虑问题,做"有心人",在服务过程中用心观察、体会旅客的需求,从而提供恰到好处的服务。良好的观察能力、推断能力和执行能力缺一不可。

1. 看的技巧　Technique of Seeing

乘务员在客舱服务时应学会察言观色,通过旅客的动作、表情、语言、态度等分析其需求,对应去解决。发现旅客出现不良的情绪时,应该给予帮助或是向相关机组人员汇报,这将能最大限度地帮助旅客解决问题,为旅客提供良好的服务。

2. 听的技巧　Technique of Listening

倾听是一门艺术,倾听是每一位乘务员必备的技能。在遇到旅客投诉的时候,乘务员应使用恰当的倾听技巧,并适时地做出回应,让旅客感到被尊重,最后圆满地解决问题。当旅客向乘务员投诉时,乘务员应做到"一听",耐心地听旅客宣泄;"二理解",适时地点头、回应,对其处境表示理解和同情;"三问",在旅客宣泄之后问一些开放性的问题,能够更深入地了解其投诉的原因,以便更好地进行处理;"四答",乘务员不管能否立即解决投诉,都应给旅客提供相关的解决办法。

3. 说的技巧　Technique of Speaking

语言是人与人之间沟通的桥梁,是最重要的沟通方式。客舱环境狭小,乘务员更应掌握沟通技巧。规范化、标准化的服务语言不一定能吸引旅客,更不能打动旅客。"因人而异"的沟通技巧是与旅客沟通中的法宝,在进行沟通时,要充分照顾到旅客的情绪,注意表达方式,使用最合适的语言进行沟通服务。乘务员既要学会不言,也要学会巧言。

案例分析

某航班提供正餐服务时,机上的正餐有两种热食供旅客选择,但供应到某位旅客时,他所要的餐食品种正好没有了,这时头等舱还有一份多余的该种餐食。我们来看看两位乘务员是如何解决这个问题的。

乘务员 A 拿着餐食送到该旅客面前说:"先生,因为餐食配比的关系,头等舱正好剩了一份餐就给您吧。"乘务员 B 说:"真对不起,先生,您要的餐食刚好没有了,但请您放心,我会尽力帮助您解决。我将头等舱餐食提供给您,希望您能喜欢。下次再次乘坐我们的航班一定请您先选餐。"

请运用所学的知识点评两位乘务员的做法,并说说如果你是乘务员,会怎么做。

任务三　个性化服务展现民航服务质量
Task 3　Providing Personalized Services

视频:服务意识与乘务员素质

任务引导

在客舱服务中,程序化服务是对乘务员的基本要求,一家航空公司如何在竞争中脱颖而出,靠的绝不是与其他公司差不多的程序化服务,而是个性化服务。个性化服务是程序化服务的延伸,是更细化、更贴近旅客的服务。通过本任务的学习,学生能够认识到个性化服务在客舱服务中的重要性,并能在今后的工作中为旅客提供个性化服务。

情境案例 1

某航班中,一名可爱的小朋友不想吃饭,乘务员便 DIY 了一份"向日葵"卡通餐(见图1-5),并祝愿小朋友能像向日葵一样阳光向上,茁壮成长。小朋友很开心,她的母亲也非常感谢乘务员。

In a flight, a lovely child passenger is not willing to have meal, cabin crew creates a "sunflower meal" (see Fig 1-5), wish the child can grow up like a sunflower. The meal attracts the child, her mother is very grateful to the crew.

图 1-5　乘务员制作的卡通餐
Fig 1-5　Sunflower meal created by crew

情境案例 2

某航空公司为了提升服务质量和旅客满意度,在餐食上下了一番功夫。它们在春节期间为所有旅客配饺子,元宵节的时候配汤圆,端午节的时候配粽子,情人节的时候配巧克力,中秋节的时候配月饼,还在云南始发的航班上发放云南特色小吃鲜花饼。这些举措收获了许多旅客的认可和喜爱。

In order to enhance the service quality and passengers' satisfaction, the airline make great efforts on meal service. The airline provide dumplings during the Spring Festival, tang yuan during the Lantern Festival, zong zi for the Dragon Boat Festival, chocolate for the Valentine's Day and moon cake for the Mid-autumn Festival, even more, they also give out fresh flower cake on flight originating from Yunnan province. These efforts are highly praised by the passengers.

知识链接

从引导情境中我们可以看出,个性化服务深受旅客的认可和喜爱,也是目前各大航空公司在积极探索的服务理念。个性化服务是从简单的满足需求的服务提升到发现旅客需求直至创造需求的服务层次,它具有以下几点基本要求。

一、深入了解旅客需求　Knowing Passengers' Needs

通过对旅客的观察、同事间的交流与总结,了解旅客需求的变化,并时常将旅客的喜好记录下来,在之后的航班中便可以根据旅客的喜好而提供相应的服务。所以,个性化服务一定是有心的服务,是长期积累的将旅客需求放在首位的服务意识的体现。

二、提高服务标准　Service Beyond Expectation

要使旅客真正满意,就必须提供超越其期望的服务,使旅客对航空公司服务的实际感受高于期望感受。乘务员不应满足于完成标准的服务流程,而应该想在旅客之前。例如,航班中若有带婴儿的旅客,听到有婴儿的哭泣声应第一时间前去查看,为其提供相应的服务或所需的物品,这会让旅客感受到乘务员的关心,缓解压力。

三、运用背后式服务　Give Before being Asked for

简单来说,背后式服务就是提前向旅客提供所需的服务。旅客的需求是个性化的,例如,有些旅客可能很少乘坐飞机,对飞机上的一切都感到很新奇,乘务员对这类旅客提供的背后式服务就可以是:看到杯子里饮料喝完时主动问一句"还需要添加饮料吗?"以免旅客因碍于面子不好意思开口;主动向老人或第一次乘机的旅客介绍如何使用洗手间、如何调节座椅靠背等。

客舱服务水平的高低将直接影响到航空企业的品牌形象和经济效益,而个性化客舱服务是航空服务水平的重要体现。当旅客对客舱服务的满意程度较高时,其再次选择该公司航班的概率就会大大提高,最终发展成为忠实客户。

学 习 小 结

空中乘务员岗位职责包含了服务与安全两块工作内容,贯穿于预先准备阶段、直接准备阶段、飞行实施阶段和航后讲评阶段。客舱服务的特殊性尤其需要乘务员充分理解服务的内涵,培养、树立良好的服务意识,提供个性化的优质服务。

课　　业

1. 小组头脑风暴:假如我是航空公司的领导,我可以在客舱服务中推出哪些个性化服务?
2. 观看二维码视频:乘务员典型航班任务,初步了解乘务员航班任务的主要内容,以思维导图形式展现四阶段的工作内容。

视频:乘务员典型航班任务

中篇　航前服务准备
Part II　Service Preparations

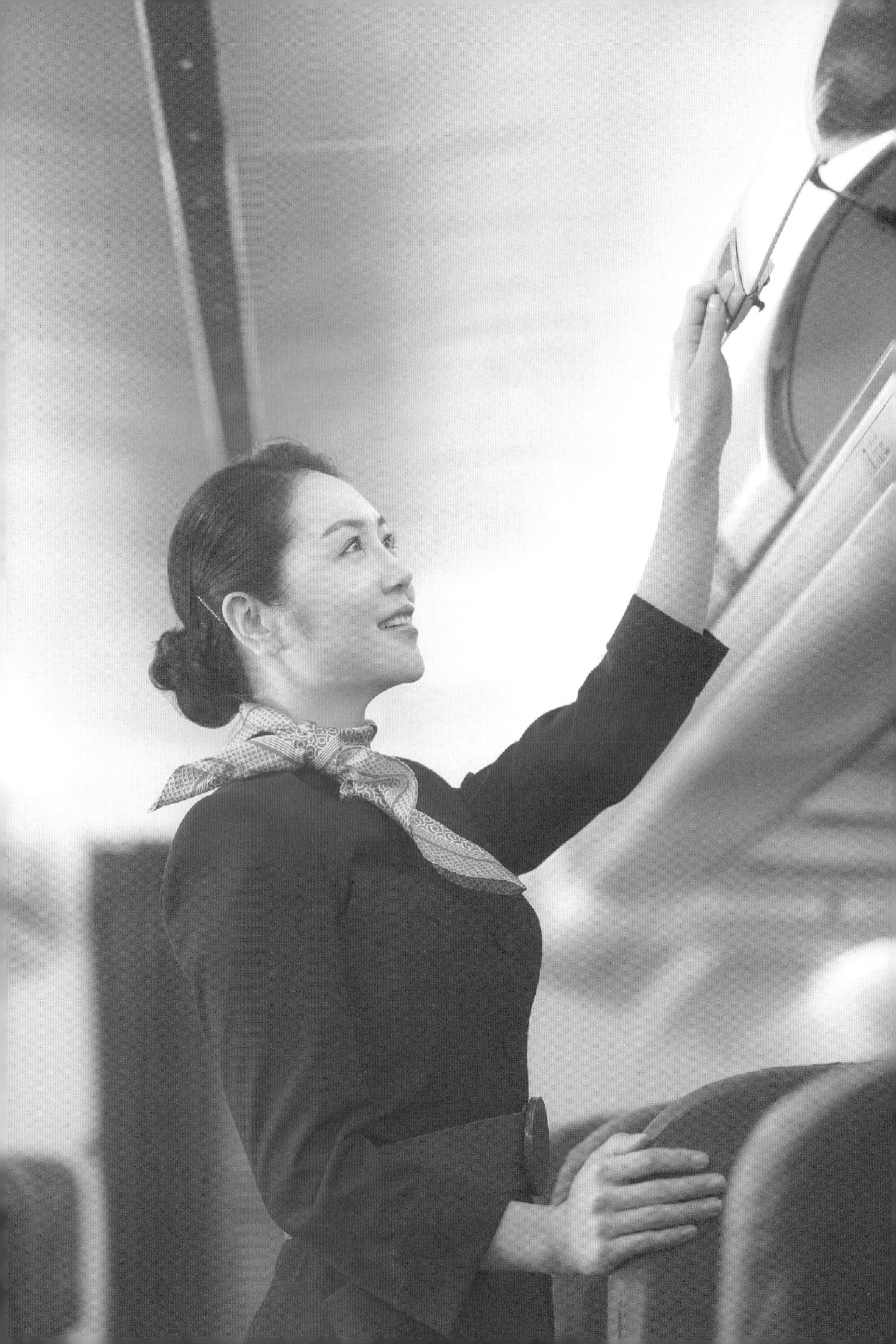

模块二 预先准备阶段
Module 2　Preflight Preparation

○ **学习目标**

- **知识目标**
  1. 能够掌握个人准备的相关知识。
  2. 能够掌握个人准备需携带的证件、物品。
  3. 熟悉集体准备会的流程。

- **能力目标**
  1. 能明确并熟悉个人准备、集体准备的内容和要求。
  2. 能运用所学知识进行个人准备。

- **素养目标**
  1. 养成良好的航前准备工作习惯、较强的工作责任感。
  2. 养成团队合作意识和具备时间观念。

视频：预先准备阶段（个人准备）

任务一　个人准备
Task 1　Individual Preparations

任务引导

客舱服务预先准备是乘务员接受飞行任务进行前期个人准备和乘务组共同开展集体准备的过程。本任务包含飞行任务查询、网上准备、证件物品3项个人准备内容。学生通过对该任务的学习能够熟悉航前个人准备了解并掌握相关的业务要求。

情境案例

小王是一名刚刚结束乘务培训的实习乘务员，今天她在公司网站查询排班表。面对一堆的代码，小王不禁有点紧张……

Probationary crew Wang has just successfully completed her basic training, today she is checking her roster online. She is quite nervous when reading those airline terminologies code…

- 思考

1. 什么是排班表？
What is a roster？
2. 如何读懂排班表？
How to read a roster？

知识链接

排班表是航空公司给乘务员分派飞行任务的计划书，简称班表或飞行计划。乘务员要熟练掌握各类代码，读懂排班表，才能准确获取相关航班信息，为航班实施做好充分准备。

一、飞行任务查询　Flight Duty Check

（一）排班表的定义　Definition

航空公司通常由派遣科通过公司官网、手机App或电话、短信等形式给每一位乘务员发送飞行计划，该飞行计划也被称为排班表，英文为flight schedule或roster。排班表包含若干个航班任务，大多航空公司一个月、一周或一个执行期发一份排班表。

(二)排班表的内容　Contents

一般情况下,排班表包含以下相关信息:航班日期、航班号、机型、机号、机场代码、出发和到达时间、航段等。各航空公司的排班表略有不同。

(三)读懂排班表　Get to Know

1. 术语与代码　Terms and Codes

航班性质:一般包括正班、加班、包机和补班等。

正班(scheduled flight)是指对外公布的在班期时刻表上显示的正常的航班,按照规定的航线、机型、日期和时刻的运输飞行,又称班期飞行。

加班(extra flight)是指对外公布的在班期时刻表上显示以外的非正常航班,根据临时性需要,在正班运输以外增加的运输飞行,称加班飞行。

包机(chartered flight)是指公共航空运输企业与包机人签订包机合同而进行的点与点之间的不定期飞行,包括普通包机飞行、专机飞行、急救包机飞行、旅游包机飞行等。

补班(supplementary flight)是指由于天气、机械故障、交通管制等多种原因引起的航班取消后第二天再次执行该航线任务,但航班号后会加字母予以区分正常班。

排班表上常见的代码、术语如表2-1所示。

表2-1　排班表上常见的代码、术语
Table 2-1　Common codes and terms on the flight schedule

代码/术语	释 义	代码/术语	释 义
Sector	航段	Crew Rank	乘务职级
DEP	departure,离港	ARR	arrival,到达
ETD/STD	estimated/scheduled time of departure,计划离港时间	ETA/STA	estimated/scheduled time of arrival,计划抵港时间
A/C	aircraft,飞机	FLT	flight,航班

正常航班(regular flight)是指按照航班时刻表公布的离港时间前15分钟关闭机舱门,并不迟于该公布时间的15分钟(大型枢纽机场增至20~25分钟,如北京首都国际机场、广州白云国际机场、上海浦东国际机场等)之内起飞,以及在航班时刻表规定的时刻安全到达目的地机场的航班。

非正常航班(irregular flight)是指航班取消或在飞行过程中发生返航、备降或未经该国民航主管部门批准,航空公司自行改变计划的航班。

2. 网上准备　Online Preparations

乘务员在航司规定的时间登录乘务网上准备系统,确认航班计划并进行网上准备。网上准备的内容至少包括执飞航班任务信息、身体状况申报、起飞、降落和备降场资料及天气形势,特殊飞行规定,航行通告,与运行相关的最新政策、标准或通告,特殊情况处置预案,机组协同配合预案等。

(1)航班信息。包括航班日期(date)、航班号(flight number)、飞行距离(flying distance)、飞行时间(flight time)、巡航高度(cruising altitude)、机场名称(airport)、机场距市区距离

(distance between airport and downtown)、机长姓名(captain)、飞经地标(landmarks)、起落时间(departure&arrival time)、配餐标准(catering)、旅客信息(passenger information)等。

(2) 飞机信息。包括机型(aircraft type)、机号(aircraft number)、服务设备信息(service equipment)、应急设备信息(emergency equipment)、故障保留信息(defect log)等。

(3) 服务信息。包括乘务组名单(crew list)、录像节目(entertainment program)、配餐机场、机场代码(airport code)、查询旅客信息系统、VIP信息、特殊旅客信息(special passenger information)、最新业务通告(updated notice)、工作提示(reminder)、安全主题内容及近期检查内容等。

(4) 线上答题。内容以服务、安全等业务知识为主，必须确保成绩合格。部分航空公司采用百分制，可反复答题，不限次数，分数达到100分为合格。也有航空公司会限制答题次数，比如答题不能超过三次，分数要求达到80分以上。

二、个人物品准备　Personal Carry-on Preparation

1. 工作证件准备　Certificates and Pass

(1) 乘务员(cabin crew)。包括客舱乘务员训练合格证、民用航空人员IVa级体检合格证、中国民航空勤登机证(见图2-1)。

(2) 安全员(security crew)。除以上证件外，还需携带安全员执照、航空人员IVb级体检合格证。

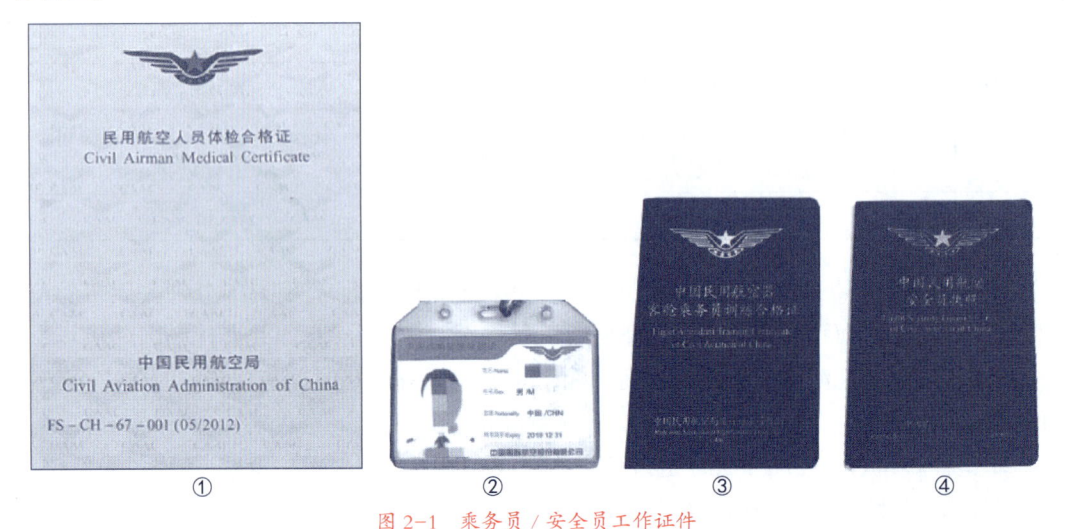

图 2-1　乘务员/安全员工作证件
Fig 2-1　Working certificate for cabin crew
① 民用航空人员体检合格证；② 中国民航空勤登机证；
③ 中国民用航空器客舱乘务员训练合格证；④ 中国民用航空安全员执照

执行航班任务时，还需根据飞行目的地携带有效的个人身份证、护照、往来港澳通行证、大陆居民往来台湾通行证等相关旅行证件。

2. 工作装具与个人物品　Duty Necessities & Personal Effects

具体包括：飞行箱、业务通告本、便签本、笔、休息卡、计数器、手表、制服、2条围裙(女，若有)、备份丝袜(女)、备份隐形眼镜和一副框架眼镜(戴镜飞行者携带);软底鞋(女,若有)、号码牌(工号牌)、化妆品(女)、手电筒、《乘务员广播词》(有些航空公司仅由乘务长和担任广播员的乘务员携带;部分航空公司每一位乘务员在初始培训时都已获得广播员资质,则要求所有乘务员携带)。

3. 随身行李携带的要求　Carry-on Luggage Control

(1) 执行国内航线或短程国际航线携带制式飞行箱一只。
(2) 过夜航班视需要携带一只制式衣袋,但制式衣袋不得单独携带。
(3) 女乘务员携带一只制式皮包。
(4) 若额外携带电脑包,限用黑色。
(5) 除上述规定样式及数量外,其他行李不得携带上机。

三、航前个人健康管理　Crew Health Management Before Flight

乘务员在执行航班任务前一晚不能参加狂欢性娱乐活动,飞行前12小时不能饮酒(高高原航班规定飞行前24小时内不能饮酒)、必须保证8小时的睡眠时间。

为能更好地提供服务,乘务员需保持良好的个人卫生,包括清新的口气、干净的牙齿,以及整洁卫生的整体形象(尤其是手、指甲);不宜在飞行前食用带有刺激性气味的食物,如大蒜、韭菜、洋葱、榴梿、臭豆腐等,餐后必须刷牙或漱口;养成使用漱口水、须后水、古龙水、淡雅香水的习惯,确保身体没有异味。

四、查询航班最新信息　Flight Information Update

到达指定工作区域完成签到、酒测,乘务员需在准备会前再次查询航班最新信息,明确执行航班的预计到达时间、停机位、预计旅客人数、代码共享航班、航班高端旅客、航班特殊旅客和服务工单。

乘务长需领取资料箱,安全员还需携带警具包/器械包、安全员执勤日志、相关单据(机组人员与公安机关案件移交单、非法干扰事件情况报告表、亲笔证言)。

五、相关术语　Terminologies

排班表(flight schedule, roster):所执行的航班计划。

航班(flight):在规定的航线上,使用规定的机型,按规定的日期、时刻进行的运输飞行。

航前网上准备(online preparation):在每一个执勤期内,每次飞行的前一天,进入查班系统后,需要进行和飞行有关的文件和航班重点阅读,并完成有关安全试题的测试。

签到(sign in):起飞前乘务员在规定的时间内到航班调度部门或签到室在所执行的航班上签名或在电脑上确认。

酒精测试(alcohol test):乘务员做好个人准备后,需在签到室先完成吹气型酒精测试。

乘务组航前准备会(cabin crew pre-flight briefing):飞行前由主任乘务长/乘务长主持的航前乘务组准备会。

机组协同准备会（crew coordination briefing）：由机长主持召开，是实行机组资源管理的重要手段，以达到保证飞行中运行安全、高效以及舒适的目的。

实践演练

1. 分组进行飞行前物品准备练习与互检。
2. 分组竞赛：个人准备阶段的任务分类。

任务二 集体准备
Task 2　Team Preparation

任务引导

完成了个人准备后，乘务员就要按照公司规定的签到时间前往准备会（briefing）。从签到开始，就进入了预先准备阶段的集体准备。准备会上，乘务长会根据飞行任务讲述相关业务知识与要点，明确工作任务，检查乘务员、安全员工作准备状况，并复习应急处置预案。

情境案例

准备会上，实习乘务员小王有些紧张。乘务长在一一介绍组员，小王知道接下来会有业务知识提问，她真的好担心自己会被难倒。

During briefing, probationary crew Wang is a bit nervous. She knows that after purser's introduction of crew members, she will be asked about basic knowledge, she is really worried about that.

• 思考

什么是准备会？准备会有什么内容？

What is a briefing？What does cabin crew do in a briefing？

知识链接

根据机型不同，航空公司安排在航班计划离港时间 90~120 分钟前召开准备会，会议时间为 25~35 分钟。

准备会包括如下程序。

一、前期准备　Sign-in Check

(1) 乘务长检查组员到位情况,第一时间将未到人员通知乘务值班。

(2) 检查证件,包括空勤登机证、客舱乘务员训练合格证、体检合格证、安全员训练合格证等。

(3) 检查安全员航前是否携带警具包及安全员执勤日志。

(4) 检查组员专业化形象(见图2-2)、飞行携带资料及物品。

(5) 检查顺序:乘务长检查前舱乘务员、安全员、区域乘务长;区域乘务长检查后舱乘务员、乘务长。

(6) 乘务组成员互相致意问候并自我介绍。

图 2-2　专业化形象

Fig 2-2　Professional image

二、责任分工　Task Assignment

乘务长根据组员资质进行责任分工。

(1) 安排乘务员号位(work position)。

(2) 指定为特殊旅客/VIP旅客服务的人员。

(3) 指定紧急出口介绍(emergency exit briefing)的人员。

(4) 指定录像播放的人员。

(5) 洗手间负责打扫的人员。

三、业务知识回顾　Review of Flight Information and Safety

乘务长以通告、抽查等方式与组员共同回顾航班准备情况。

（1）航线知识（flight information）。必须掌握的航线资料有航班号、航班时刻、地标、机场名称、机型、飞机号、机组成员等。

（2）旅客信息（passenger information）。包括旅客人数及构成、VIP、常旅客、特殊旅客等信息。

（3）服务计划（service program）。机供品、餐食配备情况，针对航线的特点制定服务计划。

（4）应急设备（emergency equipment）。包括存放位置、检查及使用方法、注意事项。

（5）业务标准（other related matters）。着重提问近期要求检查的内容和最新的业务通告、工作提示、服务及安全主题、特殊的飞机服务设备信息等。

四、乘务长讲解航班保障要求　Purser's Review on Safety and Service

1. 安全方面　Safety Briefing
（1）根据机型、航线及季节等特点对大件行李、特殊旅客等方面提出要求。
（2）对应急出口及舱门/滑梯的责任人进行重点提醒。
（3）机上突发事件的处理技巧及安全预警。
2. 服务方面　Service Briefing
（1）根据机型、航线特点提出航班上服务保障的要求。
（2）对服务态度、语言、微笑、专业化形象等提出要求。
3. 不正常航班处置预案　Unexpected Situation Handling Procedures
乘务长讲解不正常航班的处置预案。

五、区域乘务长发言　Section Leaders' Reminders

对服务和安全方面进行补充提示，对乘务长未提及的问题进行补充说明，对后舱工作进行分工并提出具体要求。

六、安全教育　Anti-hijack/Explosives Handling

安全员对反劫机、爆炸物处置预案等空防安全知识进行讲解。

七、应急撤离程序复习　Evacuation Procedures Review

乘务长带领组员复习应急撤离程序及明确各号位乘务员在紧急情况下的工作职责及分工。

八、机组协同会　Flight Deck and Cabin Crew Coordination Briefing

航前准备会结束后，乘务长、专（兼）职安全员参加机组协同会，协同内容包括以下几个方面。

1. 确认任务书　Confirm Flight Assignment and Related Information

确认任务书包括机号、机长姓名、乘务组名单、机组名单、其他随机工作人员、航路天气、询问机组是否进行广播、协调广播时段等。

2. 驾驶舱与客舱的联络方法　Contact Code Between Flight and Cabin Crew

(1) 正常情况下,进出驾驶舱或与驾驶舱通话的联络方式。

(2) 非正常情况下,如劫机、发现爆炸物时的联络方式。

(3) 起飞及着陆是否需要乘务组回复"客舱准备完毕"。

(4) 明确颠簸时的信号。

(5) 其他协同内容如下。

① 空防预案。

② 紧急情况下的应急处置。

③ 如何保证服务质量和特殊旅客的服务。

④ 需向机组了解当日执行航班的航路天气状况。

⑤ 执行高原飞行的航班时,乘务长必须协调并明确飞行高度下降至 10 000 尺(3 000 米)时所给出的信号。

完成以上个人准备、集体准备,航班的预先准备阶段已经完成,机组一起坐航空公司的接驳车前往登机坪。

九、相关术语　Terminologies

任务书(flight assignment):全称为乘务飞行任务书。涵盖内容包括:飞行机长、乘务组人员及等级、航班情况以及人员变更情况等。任务书是每个飞行人员执行航班任务的依据,机组人员在飞行签到时必须在飞行指挥中心领取,飞行机组进入飞行控制区域通过安全检查时也必须出示此凭证。

乘务组准备会(cabin crew preflight briefing):飞行前一天或飞行前按规定的时间参加由乘务长组织的航前乘务组会,主要内容包括:复习航线机型知识和分工、了解业务通知、制定服务方案和客舱安全紧急脱离预案等。

机组协同会(flight crew & cabin crew preflight coordination):飞行前一天或飞行前由机长召集,机组成员及带班乘务长、安全员参加。主要内容包括:汇报各工种的准备情况,听取机长的有关要求等。

机供品(aircraft supplies):航班上为旅客和机组配备使用的饮料、酒类、礼品、服务用具等物品的总称。

两舱:头等舱、公务舱。

国际中远程航线(international long/medium range flight):计划飞行时间 4 小时以上的国际航线。

国际近程航线(international/regional short range flight):计划飞行时间 4 小时(含)以内的国际和地区航线。

视频：预先
准备阶段
（集体准备）

服务规范（service guidelines）：规范即标准之意，服务规范即为服务范围的规程和标准等。

服务程序（service flow）：就是按服务标准先后依次安排的服务工作步骤。

完成了预先准备阶段任务，乘务组坐上机组车过安检，进入直接准备阶段任务。

学 习 小 结

预先准备阶段是乘务员执行航班任务前必不可少的部分，要求乘务员一丝不苟地去开展准备工作。个人准备工作可让每一位机组成员在心理上提前进入工作状态，熟悉业务流程，集体准备工作则进一步明确分工与协同。学习者在掌握预先准备阶段工作流程的同时，需重点背诵掌握术语与代码。

课 业

1. 由五名学生组成一个乘务组，模拟10分钟的乘务准备会。
要求：尽可能结合课本内容，使用术语、代码（每一位学生赋一个工作号位）。
2. 独立编写一份某航空公司乘务员一个月的排班表，使用中英文、代码。

模块三 直接准备阶段
Module 3 Ground Preparation

○ **学习目标**

- 知识目标
  1. 能够掌握机上机供品的管理。
  2. 能够了解客舱环境的要求标准。
  3. 能够掌握机上应急设备及服务设备的检查与确认。
  4. 认识机上报告单。
- 能力目标
  1. 能按照服务标准准备客舱,为后续航班提供保障。
  2. 能运用专业的语言对准备流程、程序进行叙述及报告。
- 素养目标
  养成团队合作意识和良好的服务意识。

任务一 设备检查
Task 1 Check and Prepare Equipment

任务引导

从乘务员登机后到旅客登机前的航班准备工作的这段时间称为直接准备阶段。乘务员登机后，按规定放置好个人飞行包，检查各区域无外来物品和无关人员，应迅速开展所负责区域的设备检查，确保设备正常，且在待用状态，并对乘务长进行汇报。设备包括应急设备及服务设备，应急设备确保航班的安全飞行，服务设备确保为旅客提供舒适、优质的服务。通过对该任务的学习，学生能够了解乘务员登机后，在客舱准备环节的工作任务，并掌握相关的服务要求和技能。

1.1 应急设备确认 Check and prepare emergency equipment

情境案例

某航班，飞行过程中有一名旅客突发心脏病，急需用氧，乘务组在客舱中慌乱地进行救治，却提供不了有效的氧气瓶，旅客的生命危在旦夕……

During cruising, a passenger suddenly suffered from heart attack, in urgent need of oxygen, the crew members are trying hard to help the victim, but they desperately find out that the oxygen bottle is unserviceable, the victim is at stake…

- 思考

1. 本案例中，乘务员为什么没能提供有效的氧气瓶？

In this case, why are the crew unable to provide oxygen bottle？

2. 飞机上氧气瓶的配备数量有多少？

How many oxygen bottles are available on board？

3. 乘务员应该如何确保航班上有足够的有效氧气瓶？

How can cabin crew ensure the sufficient oxygen supply on board？

> > > > > > > > > > 模块三　直接准备阶段

知识链接

应急设备是安全飞行的前提,也是航班能顺利起飞的前提。应急设备分布在客舱的各个区域,各机型、各航空公司略有差异(见图3-1),登机后,乘务员有明确的工作区域划分,各乘务员需第一时间进行检查确认,包括:各项应急设备的配备数量、所在位置、有效期、签封等,氧气瓶和灭火瓶还需检查压力指针是否在正常范围内。

图 3-1　B737-800 机型应急设备分布图例

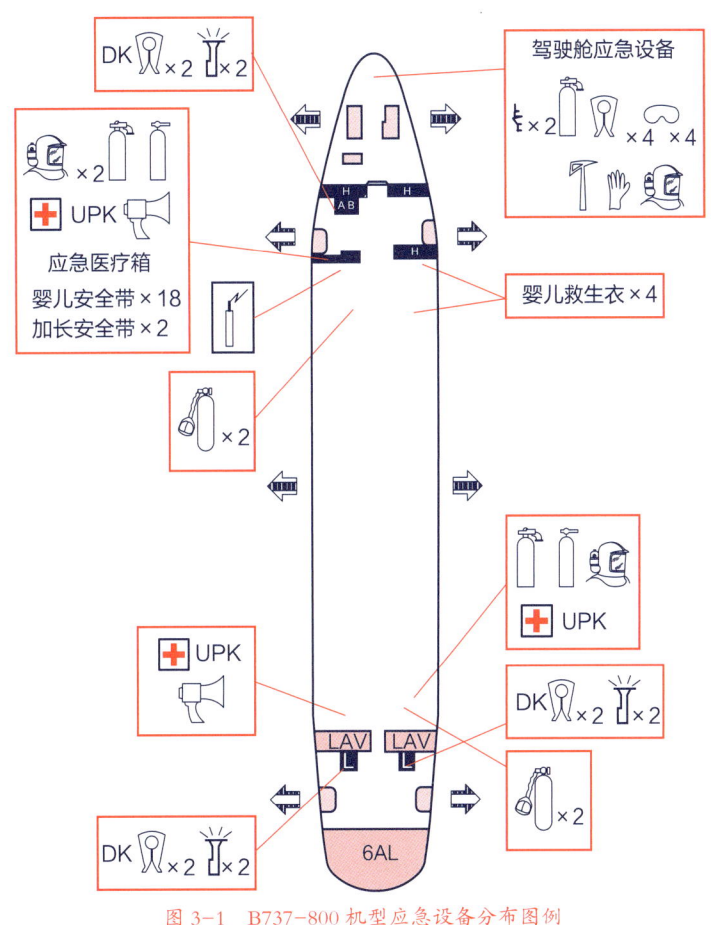

Fig 3-1　B737-800 emergency equipment layout

一、常见机型应急设备配备　Standard Emergency Equipment for Common Aircraft Types

（一）B737-800 机型的应急设备配备　Emergency Equipment for B737-800

B737-800 机型应急设备配备的数量如表 3-1 所示。

029

表 3-1　B737-800 机型的应急设备配备
Table 3-1　Emergency equipment for B737-800

设备中文名称	设备英文名称	配置数量
手提氧气瓶	portable oxygen bottle	4~5 瓶
手提灭火器	fire extinguisher	3~4 瓶
滑梯/救生筏	slide/raft	4 套
发报机	emergency locator transmitter	1 个
应急斧	emergency axe	1 把
救生绳	escape rope	4 组
手电筒	flashlight	6~10 个
急救箱	first aid kit	3 个
扩音器/麦克风	megaphone	2 个
紧急窗口	emergency evacuation window	4 个
防烟护目镜	smoke goggle	0~4 副
防烟面罩	smoke hood（protective breathing equipment）	3~7 套
应急医疗箱	emergency medical kit	1 个
加长安全带	extension seat belt	4 根
卫生防疫包	universal precaution kit	3 个
婴儿安全带	infant seat belt	2~4 根
安全演示包	safety demonstration kit	2~3 套

（二）A320 机型应急设备配备　Emergency equipment for A320

A320 机型应急设备配备的数量如表 3-2 所示。

表 3-2　A320 机型应急设备配备
Table 3-2　Emergency equipment for A320

设备中文名称	设备英文名称	配置数量
手提氧气瓶	portable oxygen bottle	6 瓶
手提灭火器	fire extinguisher	3 瓶
发报机	emergency locator transmitter	1 个
应急斧	emergency axe	1 把
救生绳	escape rope	4 组
手电筒	flashlight	6~10 个
急救箱	first aid kit	2 个

续表

设备中文名称	设备英文名称	配置数量
扩音器/麦克风	megaphone	2个
防烟护目镜	smoke goggles	0~4副
防烟面罩	smoke hood (protective breathing equipment)	6套
应急医疗箱	emergency medical kit	1个
加长安全带	extension seat belt	4根
卫生防疫包	universal precaution kit	2个
婴儿安全带	infant seat belt	2~4根
安全演示包	safety demonstration kit	2~3套
逃离滑梯包	escape slide	6套
氧气释放工具	oxygen release pin	6个

二、应急设备的标识　Emergency Equipment Identification

应急设备通常标识在存放应急设备的区域外壁板上,标识内容包含中文名称、英文名称和标识图(见图3-2~图3-5)。

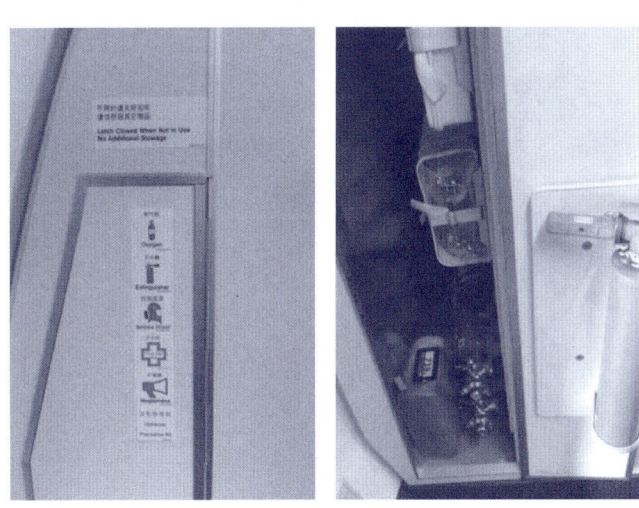

图3-2　777-300ER L1门应急设备(氧气瓶、水灭火器、防烟面罩、急救箱、应急医疗箱、扩音器、婴儿安全带、救生衣、手电筒、发报机等)

Fig 3-2　777-300ER Door L1 emergency equipment(oxygen bottle, water extinguisher, smoke hoods, first aid kit, Doctor's kit, megaphone, infant seat belt, life vests, flashlight, emergency locator transmitter, etc)

图 3-3　777-300ER L2 门应急设备（水灭火器、氧气瓶、婴儿救生衣、手电筒等）
Fig 3-3　777-300ER Door L2 emergency equipment(water extinguisher, oxygen bottle, infant life vest, flashlight, etc)

图 3-4　777-300ER L3 门应急设备（急救箱、氧气瓶、防烟面罩等）
Fig 3-4　777-300ER Door L3 emergency equipment(first aid kit, oxygen bottle, smoke hood, etc)

图 3-5　777-300ER L5 门应急设备（防烟面罩、扩音器、发报机、救生衣、手电筒等）
Fig 3-5　777-300ER Door L5 emergency equipment(smoke hood, megaphone, emergency locator transmitter, life vest, flashlight, etc)

三、应急设备的检查　Emergency Equipment Check

乘务长发布指令,例如,各号位乘务员,请检查应急设备!(Cabin crew,please conduct emergency equipment check!)

乘务员根据各自号位所负责的区域完成应急设备的检查确认,主要检查内容包括:该区域配备的应急设备是否在位,数量是否正确,是否在有效期内或铅封是否完好。

检查完毕后,各号位或各区域向乘务长汇报:××舱应急设备检查完毕,数量正确,可正常使用。

应急设备的检查程序和内容有严格规定,主要检查内容包括:客舱供氧系统(cabin oxygen system)、手提氧气瓶(portable oxygen bottle)、手提灭火器(portable fire extinguisher)、洗手间灭火系统(lavatory fire system)、防护式呼吸装置(protective breathing equipment)、飞机隔烟罩(B747-400)(smoke barrier)、应急定位发射器(emergency locator transmitter)、救生衣(life vest)、石棉手套(asbestos gloves)、防烟眼镜(smoke goggles)、应急照明[emergency lightening,如应急手电筒(flashlight)、应急灯(emergency light)]、安全带[seat belt,如成人(adult)、婴儿(infant)、加长(extension)、乘务员(crew)]、麦克风(megaphone)、安全演示包(safety demo kit)、救生斧(crash axe)、救生船设备(life boat)、生存包物品(survival kit)、急救箱(first aid kit)、应急医疗箱(emergency medical kit/doctor's kit)等。本章主要介绍氧气瓶、灭火器、洗手间烟雾报警系统和自动灭火装置。

1. 手提氧气瓶　Portable Oxygen Bottles

(1)手提氧气瓶如图3-6所示,其压力指针指示在规定区域内(红色区域),"开-关"阀在"关"位(见图3-7)。

图3-6　手提氧气瓶
Fig 3-6　Portable oxygen bottle

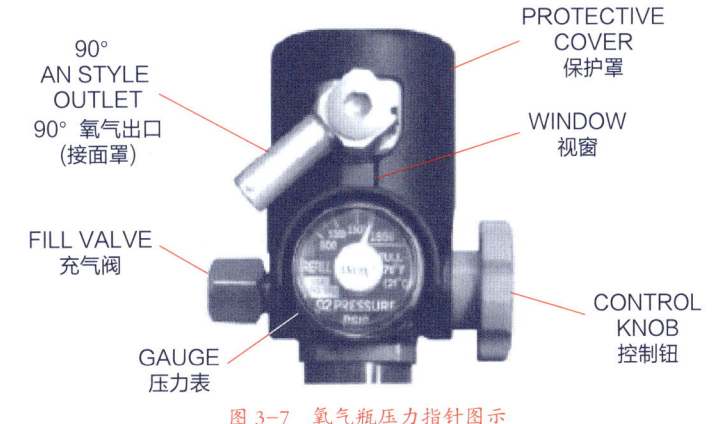

图3-7　氧气瓶压力指针图示
Fig 3-7　Oxygen pressure pointer

(2)如果压力指示针低于红区,应立即通知机务人员根据维修手册标准决定是否更换氧气瓶。

(3) 与之配套使用的密封包装的氧气面罩与氧气瓶放在一起。

2. 水灭火器　Water Extinguisher

(1) 放置在指定位置并固定好。

(2) 铅封处于完好状态,无损坏。

3. 手提式灭火器　Portable Fire Extinguisher

(1) 手提式灭火器(见图3-8)放置在指定位置并固定好。

(2) 安全销是在穿过手柄和触发器的位置,并由铅封封好。

(3) 压力指针指向绿色区域。

4. 烟雾报警系统　Smoke Detection and Alarm System

烟雾报警系统位于洗手间内,可以及早发现突发的火情并自动发出警告,它包括烟雾感应器和信号显示系统。烟雾感应器(smoke detector)安装在洗手间顶部,当洗手间内的烟雾达到一定浓度时,通过它的感应传给信号显示系统。

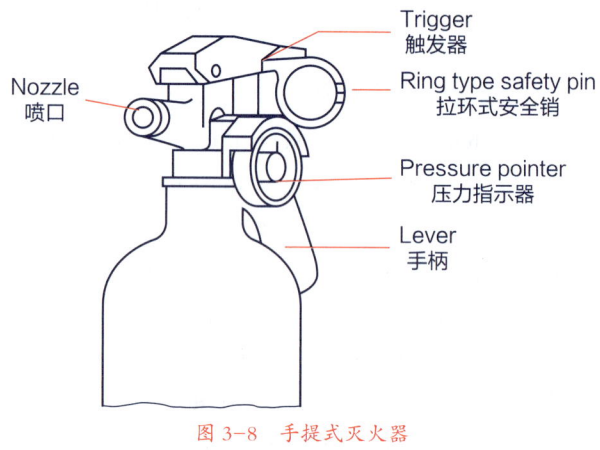

图 3-8　手提式灭火器

Fig 3-8　Portable fire extinguisher

(1) 波音系列飞机烟雾报警系统。

报警喇叭发出刺耳的蜂鸣声,报警指示灯变为红色,洗手间门外部门框上的琥珀色呼叫灯闪亮。

如需解除警报,使用尖锐物品按压报警装置上的中断开关,关闭报警喇叭和报警指示灯;按压外部门框的琥珀色呼叫灯。

(2) 空客系列飞机烟雾报警系统。

警报系统包括:

① 客舱内所有扬声器每间隔30秒,发出3声单谐音(咚,咚,咚)。

② 前客舱乘务员面板和附加客舱乘务员面板上的"SMOKE LAV"键红灯闪亮。

③ 所有客舱乘务员门区信息指示面板上红灯闪亮,并显示洗手间位置,如"SMOKE LAV FWD"。

④ 洗手间门外及区域呼叫面板上的琥珀色指示灯闪亮。

如需解除警报,按压前客舱乘务员面板的"SMOKE LAV"键,消除所有报警信息;该键进入稳定状态,红灯不再闪亮,直到洗手间烟雾浓度降低后熄灭。

5. 自动灭火装置　Automatic Fire Extinguishing Device

每一个洗手间的洗手池下方密闭储藏柜内都有一个自动灭火装置,包括一个海伦灭火器、两个指向垃圾箱的热启动喷嘴以及一个温度指示器。

正常情况下,灭火器的喷嘴是用密封剂封住的,温度指示器标牌为白色。当环境温度达到77~79℃时,温度指示器由白色变为黑色,喷嘴的密封剂自动熔化,灭火瓶开始喷射,当灭火剂释放完毕后,喷嘴尖端的颜色为白色。喷射的时间为3~15秒。

飞行前检查,波音系列应检查温度指示器为白色,空客系列应检查海伦灭火器压力指针在绿色区域。

实践演练

1. 说出常见客舱应急设备的中英文名称,识别其图片标识。
2. 将5~6名学生组成乘务组,在模拟舱内进行应急设备检查。
要求:确认各号位乘务员的责任区域,以及该区域内的应急设备种类及数量。

1.2 服务设备检查 Check and Prepare Service Equipment

情境案例

某航班,飞行过程中有多名旅客向乘务组反映阅读灯不亮,也有旅客抱怨洗手间不能冲水。在餐饮服务时,乘务组因热水器故障不能提供热饮,这引来旅客的不满。航班后也有旅客针对乘务组的服务进行投诉。

During a flight, passengers keep complaining about the malfunction of reading light, toilet flushes. And even worse, cabin crew cannot provide hot drink service due to the malfunction of the water boiler, this caused the further unsatisfactory from the passengers.

• 思考

1. 本案例中,机上设备的不正常使用,乘务员有责任吗?
In this case, is this the responsibility of the crew to ensure the facility functioning？
2. 如何对机上服务设备进行检查?
How to make check on inflight service facilities？
3. 服务设备的待用状态,与航班质量有何关联性?
What is the relationship between service facilities functioning and service level？

知识链接

乘务员登机后应打开所有行李架,将自己的个人物品放置于乘务员行李架上或衣帽间内。机组行李不能放在头等舱行李架上,也不能同时占用整排行李架。

放置好行李后,乘务员需打开厨房、洗手间、客舱的服务设备,并对其进行确认,以确保航班上的服务能正常开展。

一、厨房服务设备　Galley Equipment

检查厨房(见图 3-9)配电板、烤箱、烧水杯、烧水器、咖啡壶、冷风机、餐车位固定装置、餐车刹车装置、储物格、水龙头、下水槽畅通、垃圾箱盖板密封性能好；打开烧水器开关。

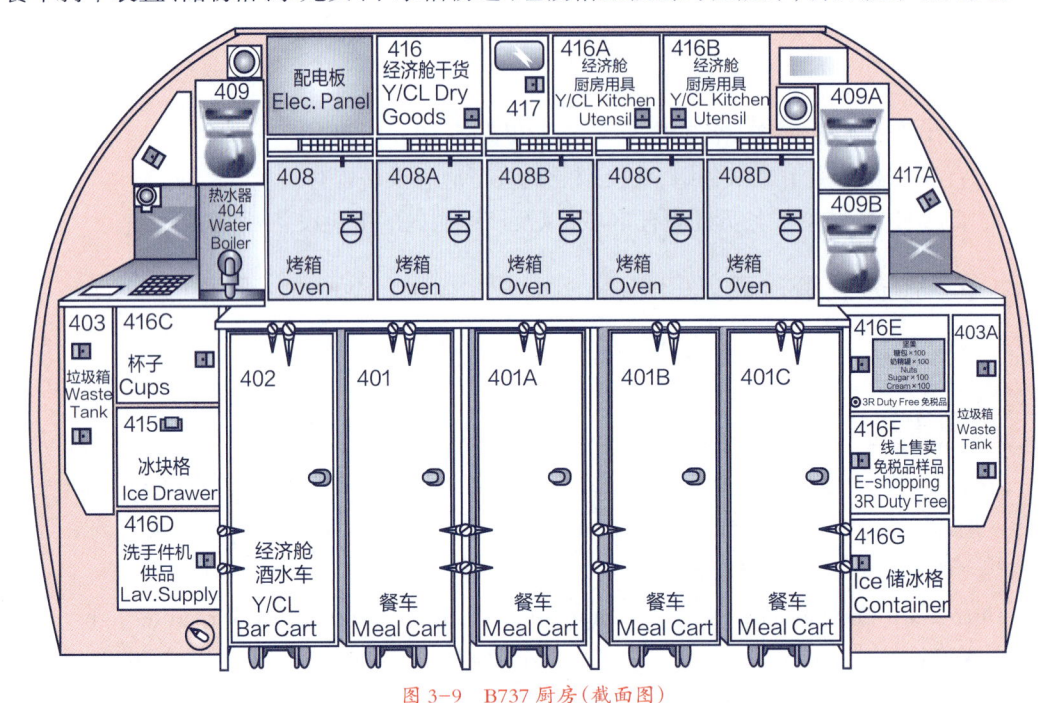

图 3-9　B737 厨房(截面图)

Fig 3-9　B737 Galley (cross section)

1. 厨房配电板　Galley Power Panel

打开厨房配电板开关(见图 3-10)。

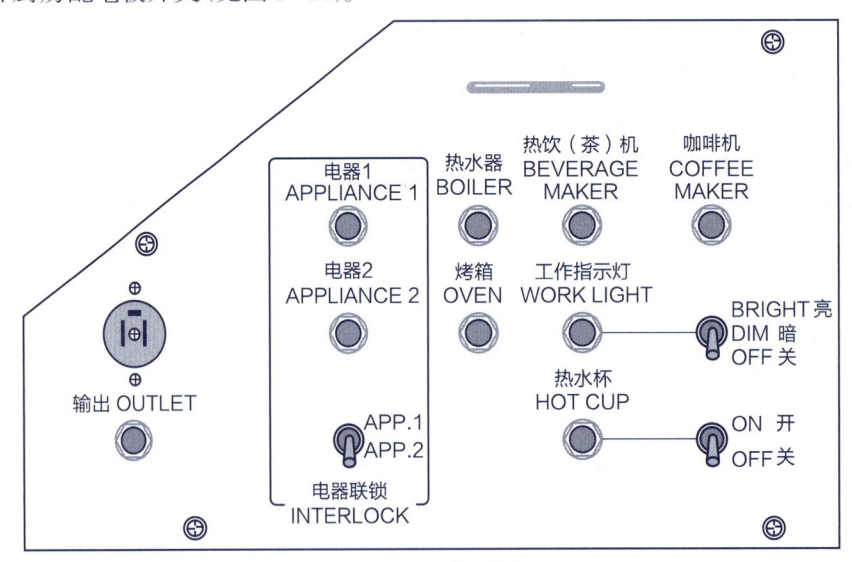

图 3-10　厨房配电板

Fig 3-10　Galley power panel

2. 烤箱　Oven

按下"on"开关,确认烤箱可以正常使用后,调到"off"位,关闭(见图3-11)。

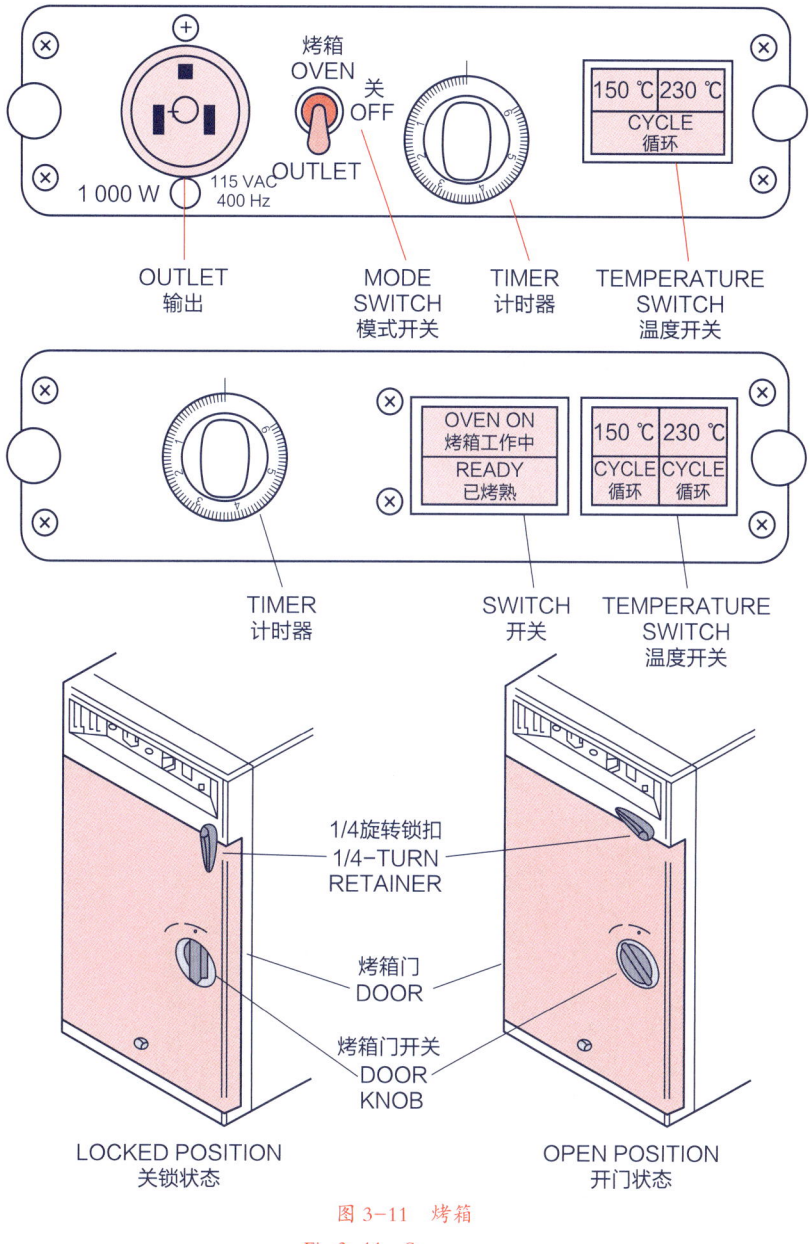

图 3-11　烤箱

Fig 3-11　Steam oven

3. 热水器　Water Boiler

打开热水器开关(见图3-12)。

图 3-12　热水器

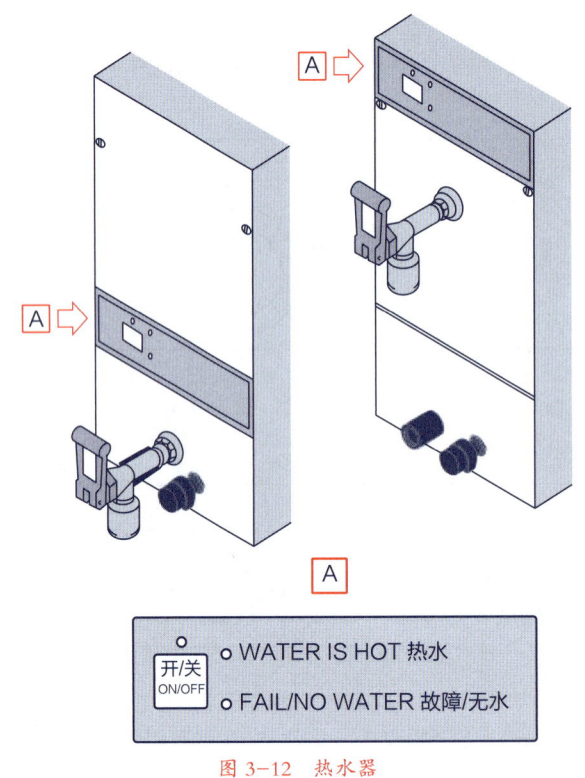

Fig 3-12　Water boiler

4. 餐车　Meal Cart

整理好的餐车需在固定餐车位放好，并踩下红色刹车系统（见图 3-13）。

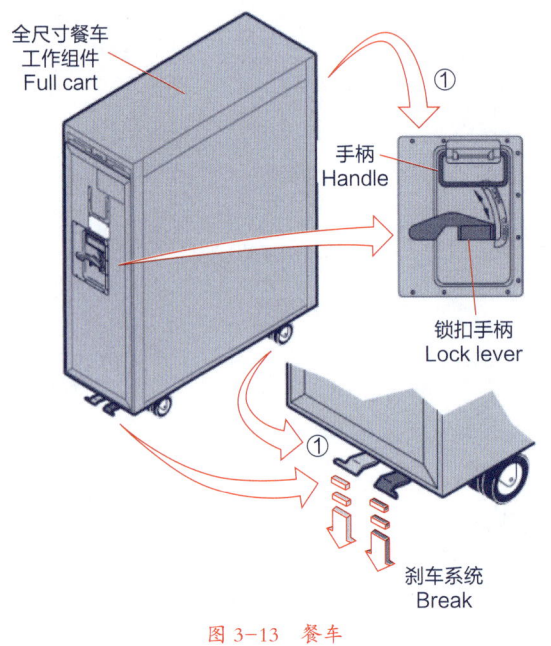

图 3-13　餐车

Fig 3-13　Meal cart

5. 储物格　Stowage Bin

整理完毕的储物柜,需在固定位置放好,将红色锁扣扣好(见图3-14)。

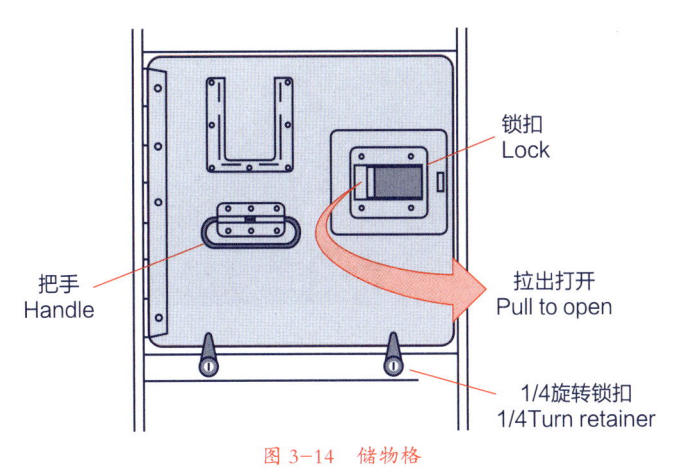

图 3-14　储物格
Fig 3-14　Stowage bin

6. 水龙头　Water Tap

按压开关,确认水流出(见图3-15)。

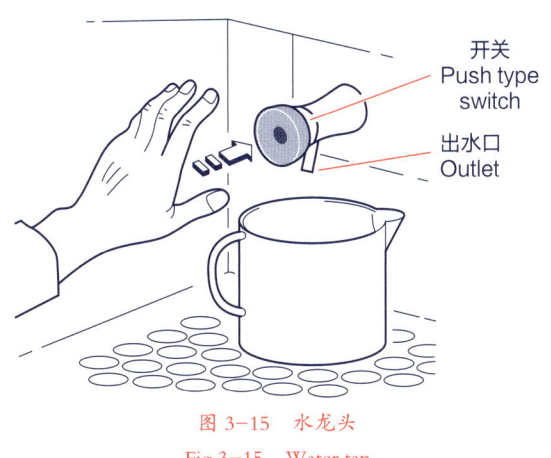

图 3-15　水龙头
Fig 3-15　Water tap

二、洗手间服务设备　Toilets Facilities

(1)检查洗手间卫生用品是否齐全。包括擦手纸、卷纸、香水、洗手液、马桶垫纸、女性用品、清洁袋、马桶药、固体空气清新剂等(见图3-16),国际航线还需配备漱口杯等。

(2)测试马桶抽水系统是否能正常冲水,垃圾箱及马桶盖板、烟灰缸盖开关能否正常关闭、开启。

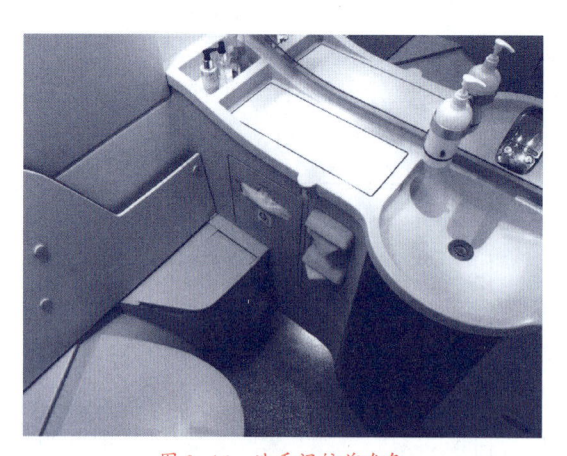

图 3-16　洗手间航前准备
Fig 3-16　Preflight toilet preparation

三、客舱服务设备　Cabin Facilities

检查娱乐系统及旅客控制组件,测试音频效果、客舱照明系统、旅客服务组件的状态,检查录像节目是否齐全,检查旅客座椅靠背是否可以正常调节,检查旅客桌板、脚踏板设施、安全示范演示用品的设备数量及质量。

1. 安全演示用品　Safety Demonstration Kits

安全演示用品包括:演示用救生衣 1 件、演示用氧气面罩 1 个、演示用安全带 1 条、安全须知卡 1 张(见图 3-17)。

视频:设备确认——旅客座椅

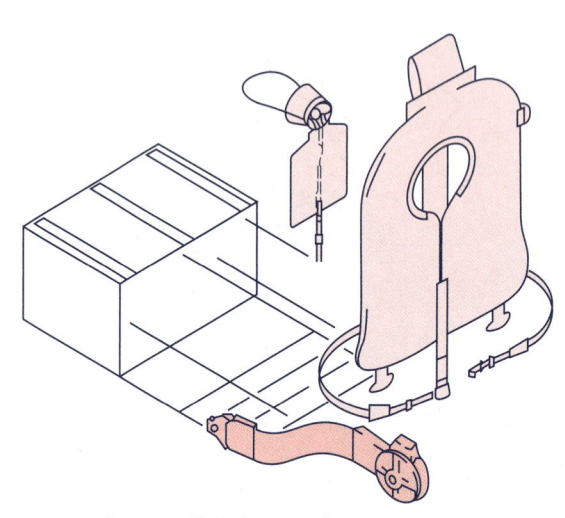

图 3-17　安全演示用具包
Fig 3-17　Safety demonstration kit

2. 旅客座椅　Passenger Seats

检查旅客座椅靠背是否可以正常调节,检查小桌板(或前排折叠式桌板)是否可以正常使用,检查扶手、安全带、脚踏板等设施(见图 3-18)。

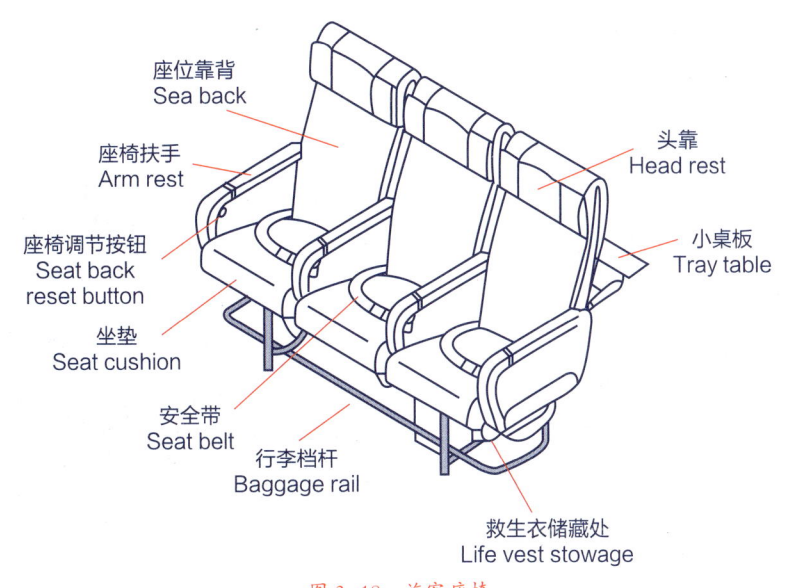

图 3-18　旅客座椅

Fig 3-18　Passenger seats

3. 旅客服务组件　Passenger Service Unit（PSU）

旅客服务组件与客舱内部通信数据系统（cabin intercommunications data system, CIDS）相连，可提供座位号、阅读灯、通风口、呼唤铃等服务功能，同时也可提供"禁止吸烟""系好安全带"信号灯指示，在客舱释压时面板内的氧气面罩会自动脱落，触发后可供氧（见图 3-19）。

在直接准备阶段，需检查阅读灯、呼唤铃是否可以正常使用，通风能否可以正常打开、关闭。

视频：设备确认——旅客服务组件

图 3-19　旅客服务组件

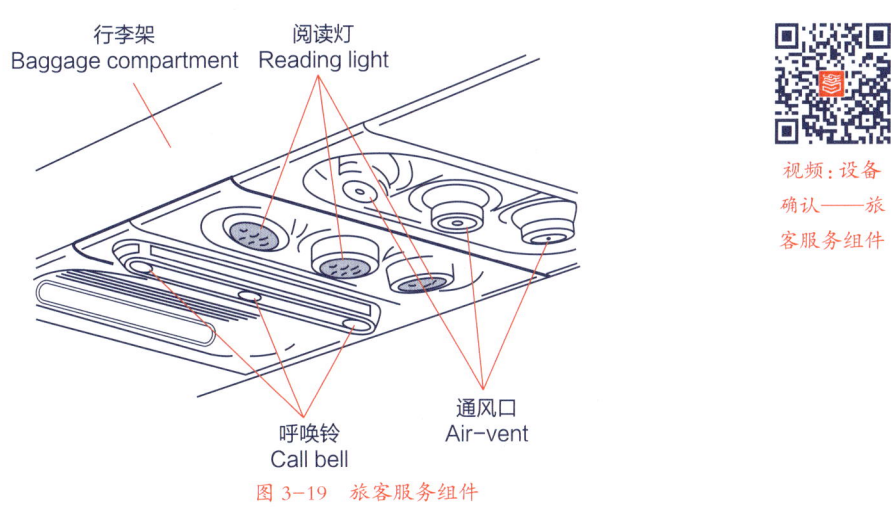

Fig 3-19　Passenger service unit

4. 行李架　Overhead Compartment/Stowage bin

用来摆放应急设备、乘客衣物、行李和杂项设备等（见图 3-20）。

航前需确认空行李架全部打开，并确认无外来人、物在行李架内，放有乘务员飞行箱、机供品、应急设备的行李架关闭。

041

5. 乘务员控制面板　Cabin Crew Control Panel/Flight Attendant Panel

乘务员控制面板位于前服务间壁板上，登机后由乘务长操作控制面板（见图 3-21），测试客舱灯光、音频系统是否可以使用。

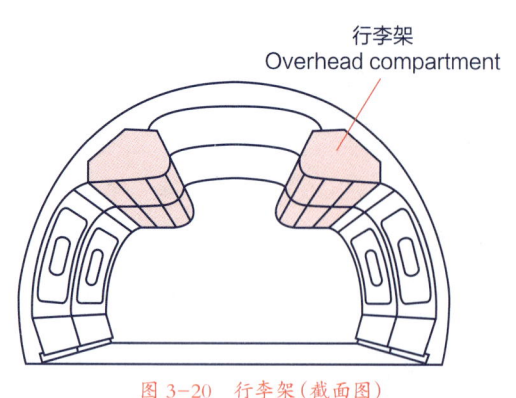

图 3-20　行李架（截面图）
Fig 3-20　Overhead compartment (cross section)

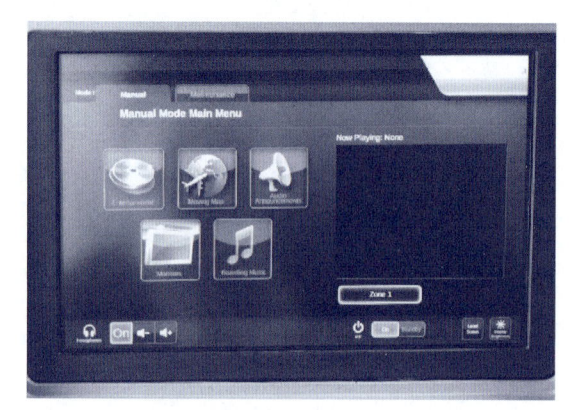

图 3-21　控制面板系统界面
Fig 3-21　Cabin crew control panel (FWD)

四、乘务员客舱检查单　Cabin Check List

乘务员可根据乘务员设备检查单（见表 3-3）对客舱进行应急设备及服务设备的检查，并在检查后报告：各项应急设备在待用状态，数量准确，签封完好，且在固定位置放好。

表 3-3　乘务员客舱检查单
Table 3-3　Cabin Check List

航班号：　　　　　　　　　　　　　　　　　　　　　　　　飞行日期：

	检查项目	航前 是(√)否(×)	航后 是(√)否(×)	情况说明
应急设备	灭火瓶在有效期内，铅封完好			
	手提氧气瓶指针压力在红色区域，在有效期内			
	防烟面罩铅封完好，在有效期内			
	发报机在待用状态			
	救生衣数量、位置准确			
	座位安全带、肩带完好			
	个人手电筒有电，可亮灯			
	客舱记录本查看故障已排除			
	客舱安全演示设备齐全可使用			
	水表满格			
	洗手间烟雾探测器绿灯闪亮			
	自动灭火系统温度指示标志为灰白色圆点			

续表

检查项目	航前 是(√)否(×)	航后 是(√)否(×)	情况说明
应急设备 — 厨房及洗手间废物箱门关好			
应急设备 — 急救箱在固定位置,铅封完好			
应急设备 — 应急医疗箱在固定位置,铅封完好			
应急设备 — 滑梯包指针在绿色区域			
应急设备 — 滑梯在解除预位状态			
卫生间 — 马桶垫圈完好整洁			
卫生间 — 盖好马桶盖			
卫生间 — 洗手池及周遍台面洁净			
卫生间 — 洗手间用品齐全,固定松散物品			
卫生间 — 洗手池水龙头可正常使用			
卫生间 — 锁闭洗手间			
客舱 — 座椅移动功能正常,无异物染色、污渍残留和异味			
客舱 — 灯光正常照明			
客舱 — 小桌板可自由抽放,表面无污渍残留、异味			
客舱 — 客舱阅读灯、通风口、呼唤铃使用正常			
客舱 — 所有空座位的安全带扣好			
客舱 — 地毯及脚垫表面无污渍残留、污染,无异物染色和异味			
客舱 — 侧装饰板/顶板表面无污渍残留、污染,无异物染色和异味			
客舱 — 遮光板收放自如			
客舱 — 娱乐系统显示器、可收放式显示器活动自如,可正常播放			
客舱 — 厨房/客舱内抽屉抽拉自如,锁扣完好可用,内部清洁无冰块或水等异物残留			
客舱 — 隔舱遮帘,帘布平整、表面无污染和异物染色,无异味			
客舱 — 毛毯、被子干净完好			
客舱 — 靠垫干净完好			
客舱 — 门帘按扣及滑块完好			
客舱 — 隔舱门活动开启自如			
客舱 — 客舱服务设备正常			
客舱 — 配备安全须知及应急出口须知			

续表

检查项目		航前 是(√)否(×)	航后 是(√)否(×)	情况说明
服务间	烧水杯洁净、工作正常			
	咖啡壶洁净、工作正常			
	烤箱洁净、工作正常			
	抽屉洁净			
机供品	机供品按标准配发,质量合格			
	机供品剩余情况			
	机供品的摆放			
航后	进行客舱清舱检查			
	与航食交接餐具签单			
	打扫客舱卫生			
	马桶冲水正常,无堵塞现象			
	换组交接工作及注意事项			

我们再来看一份机上经济舱服务设备清单(英文),了解检查的内容(见表3-4)。

表3-4 服务设备清单
Table 3-4 Service equipments

Items	Contents
Cups	Paper Cup/Plastic Cup/Wine Glass/Lave Cup
Ice bucket	Ice bucket/Ice Tong
Pot&Jug	Coffee Pot/Tea Pot/Water Jug
Serving Tray	2/3 Size Tray&1/2 Size Tray Blue Serving Tray/Wooden Serving Tray(738)Tray Mate
Meal SVC	Meal Tray/Cutlery Pack
Bread SVC	Bread Basket/Bread Tong
Containers	1. Dry Goods Contents/Cream & Sugar Sachet Box
	2. Kitchen Utensil
	3. Cups(Paper Cup/Plastic Cup/Lave Cup)
	4. Lave Supply
	5. Duty Free
	6. Duty Free Bags

续表

Items	Contents
Carts（CCOM CH 2.14）	1. Meal Cart
	2. Bar Cart/Support Cart
	3. Misc.Cart（101 B，101D，3R02A）
	4. Duty Free Cart（full/half）
	5. Spare Cart for "All Cart&No Cart" Regulation
	6. Waste Cart
	7. Headsets Cart
Seal	Plastic Seal&Metal Seal
Placard	All Carts&No Carts Placard/Others

实践演练

5~6名学生组成乘务组，按照口令、检查程序在模拟舱内进行服务设备检查。

要求：确认各号位乘务员的责任区域，以及该区域内的服务设备进行航前确认、检查。

问题思考：

如何在最短的时间内，对各自区域的服务设备进行确认？

任务二　机供品的检查与准备
Task 2　Check and Prepare Supplies

任务引导

乘务员需根据《随机供应品服务用具配备回收单》，对照提供的机供品，进行规整、摆放。这部分工作包括清点正常餐食、特殊餐食数量，检查供应品、冰块、餐具、报纸杂志、机上礼品、机上销售品等配备是否齐全。检查冰镇啤酒、干白等酒类，服务供应品餐具、用具等种类、数量是否与单据上一致。整理并摆放各类机供品、报纸杂志等，合理分配前后舱物品。

2.1 餐车摆放 Carts Arrangement

情境案例

乘务组执行杭州飞往哈尔滨、途经青岛的往返航班。由杭州飞往青岛的途中,旅客们开心地享受餐饮服务。但在第二段航程——由青岛飞往哈尔滨的途中,有很多旅客抱怨连连,因为机上出现了饮料品种短缺的情况。

The team are conducting flight duty from Hangzhou to Harbin via Qingdao. On the way from Hangzhou to Qingdao, passengers are happy with the meal service. But on the second sector: from Qingdao to Harbin, many passengers complaining about the shortage of drinks varieties.

● 思考

1. 本案例中,是什么原因导致饮料供应不足?
In this case, what is the reason caused the shortage of drink supply?
2. 是否所有的航班提供的餐饮种类都相同?
Does all flight provide the same categories of meal and beverage?
3. 乘务员应如何整理餐车中的机供品?
How should cabin crew manage the supplies?

知识链接

直接准备阶段的时间非常有限,而机供品数量又非常多,餐车空间非常有限。乘务员需要将大量的机供品在短时间内进行收纳,且在后续的航班过程中,能有效率地为旅客提供所需的物品。要注意的是,若该航班配备有特殊餐食,乘务员需知晓特殊餐食的种类和数量,并将其放在自己能区分的位置,在向乘务长报告时,也必须报告特殊餐食的数量及种类。这就要求乘务员要具备良好的空间管理能力和较高的工作效率。

一、餐盒的摆放 Meal Box Stowage

餐盒应放置于餐车内,依次往上排列(见图3-22)。

二、热食的摆放 Hot Meal Arrangement

热食可放于烤箱内,进行整齐的码放(见图3-23)。

图3-22 餐车中餐盒的摆放
Fig 3-22 Meal box stowage in cart

注意：取出干冰，在飞机平飞前，不得打开烤箱电源进行加热。

三、酒水、饮料的摆放　Drink Stowage

所有的酒水、饮料需放在餐车内。

拆箱的饮料应进行有序的摆放：同种果汁、软饮摆一行；果汁盒标签朝外，软饮瓶体放倒，瓶口朝外摆放（见图3-24）。

罐装酒类可整箱放于餐车内，瓶装酒水需直立放于餐车内。

四、餐车的使用　Cart Operation

在进行机供品摆放时，餐车或在餐车位固定好，或靠于客舱壁板上，踩下刹车，不得置于服务间中部（见图3-25）。

图 3-23　烤箱中热食的摆放
Fig 3-23　Hot meal stowage in oven

图 3-24　餐车中酒水、饮料的摆放
Fig 3-24　Drink stowage in cart

图 3-25　餐车的摆放位
Fig 3-25　Parking cart

实践演练

2名学生组合，互相配合摆放餐盒、热食盒及饮料。

要求：熟知每种机供品在餐车内的摆放方法。

问题思考：

特殊餐食放在什么位置拿取最有效率？

2.2 其他机供品的摆放　Others Supplies Arrangement

情境案例

航行过程中,有名旅客不断地提出要毛毯、报纸、拖鞋等物品,乘务员都一一给予满足,该旅客对得到的服务非常满意,还对乘务员给予表扬,并开玩笑地说道:"你怎么什么都能变出来,你是超人吗?"

During a flight, a passenger asks for blanket, newspapers, slippers and so on. the cabin crew tried hard to meet her needs. The passenger feels very satisfied with the service received, and she gives high comments to the cabin crew, "you seems ready to give anything, are you super woman?"

● 思考

1. 本案例中,旅客的需求一一得到满足,乘务员是如何做到的?
In this case, how can a cabin crew manage to meet all passenger's needs?
2. 机上机供品的种类有哪些?
What are the amenities or supplies for passengers on board?

知识链接

除了存放于厨房区域的餐食、饮料等机供品,在航班飞行过程中,还需要多种多样的服务用品来满足旅客的需求,如:毛毯、枕头、清洁袋等等。熟练掌握每一种机供品的存放位置和存放、整理要求,有助于乘务员更高效地开展服务工作。

一、行李架机供品摆放　Overhead Compartment Stowage for Supplies

清点毛毯、枕头、拖鞋的数量,统一打包后,放于专用行李架上(见图 3-26)。

二、储物格机供品摆放　Stowage Bin for Supplies

将备份清洁袋、湿巾、刀叉包、手套、毛巾、托盘垫纸、CIQ 卡、会员申请表等统一打包后,放于储物格内(见图 3-27)。

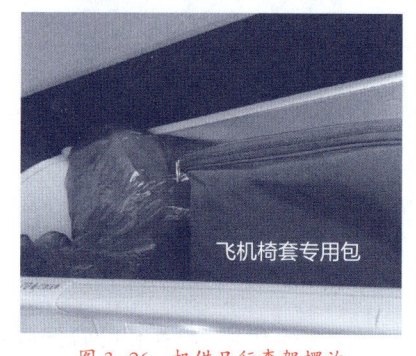

图 3-26　机供品行李架摆放
Fig 3-26　Stowing supplies in overhead compartment

三、报纸摆放　Newspaper Displaying

将当天的报纸按份折叠好,按类型插放于报刊车内(目前大多航空公司采用折叠车或板车摆放报纸),报刊车置于廊桥上,以便旅客登机时拿取(见图3-28)。

图 3-27　储物格摆放
Fig 3-27　Stowing spare supplies in stowage bin

图 3-28　报纸摆放
Fig 3-28　Newspapers setting in a trolley

实践演练

1. 练习报刊车的摆放。
要求:掌握报纸的叠法及插放方法。
2. 练习行李架内机供品的整理。
要求:掌握毛毯、枕头的清点及归纳方法。
3. 由5名学生组成乘务组,进行一次完整的机供品清点摆放流程。
要求:分工明确,互相协作。
问题思考:
行李架空间非常紧张,旅客提出将他的行李箱放在机供品行李架内,是否允许?

任务三　其他服务准备
Task 3　Other Service Preparations

任务引导

在旅客登机前,乘务员需要完成的工作除了机供品的清点、准备,设备的确认,还有整理客舱环境、签收相关单据、清仓,对乘务长进行报告,最后再次整理专业化形象,迎接旅客登机。

情境案例

某航班,在航前直接准备阶段,一名乘务员在洗手间外的壁板上发现了一把刀,于是航班取消,各相关部门开展彻查。如果这把刀未被乘务员发现,而是被恐怖分子获得,那会有什么后果?

A cabin crew finds a knife at the panel outside a lavatory during she conducts last security check before passenger boarding, the flight is thus cancelled for a thorough check. What will be the consequences if the knife is not found by the cabin crew, but is obtained by the terrorist?

- 思考

案例中所提及的刀,恐怖分子可能是在什么时候放入客舱里的?
When do you think might the terrorist place the knife?

知识链接

客舱环境的整理、单据签收、清舱等环节是直接准备阶段的最后步骤,是保障客舱安全及服务质量不可或缺的一部分。乘务员要充分认识到该步骤的重要性,明确如何将这一步骤准确、快捷地完成。

一、环境整理　Environment Preparation

1. 客舱环境　Cabin Environment

客舱地板表面无水渍、无明显污渍,卫生良好。用白色湿毛巾擦拭小桌板表面,无明显污渍。

座椅各处整洁、座椅后袋物品插放顺序(抽查 5 个)为：安全须知→清洁袋→出口座位须知(紧急出口区域)（见图 3-29）。

客舱内无异味，隔帘、客舱壁板、行李架无污渍（见图 3-30）。

2. 洗手间环境　Lavatory Preparation

洗手间台面、镜面看不到水渍、污渍，用白色湿毛巾擦拭马桶表面，应无明显污渍，按规定配放卫生剂，污水已排空，垃圾箱已更换（见图 3-31）。

图 3-29　应急出口座位椅袋

Fig 3-29　Emergency exit seat pocket

图 3-30　客舱环境

Fig 3-30　Cabin environment

图 3-31　洗手间环境

Fig 3-31　Lavatory environment

二、单据签收　Handover Checklist

与当天机供品一起由后勤集团提供给乘务组的还有各种单据，若有特殊旅客时，还有特殊旅客交接单等。正常情况下，乘务长需签收当天的机供品确认单以及旅客舱单。

三、清舱及报告　Clear Cabin and Report

上客前的清舱检查：确保客舱、服务间、洗手间无外来人员及物品并及时向乘务长汇报。

后舱负责人需向乘务长进行汇报："报告乘务长，客舱准备完毕，清舱已完成，客舱、服务间、洗手间无外来人、无外来物。"

注意：乘务员不能将随身行李放置在旅客座位上、影响旅客座位放倒之处、紧急出口或厨房空车位。到站后，乘务员必须等所有旅客离机后再整理个人行李，严禁替他人携带信件及行李。

四、专业化形象整理　Professional Image Check

直接准备阶段工作至少应于旅客登机前5分钟准备完毕,乘务长向机长报告并请示机长有无进一步的指示。乘务员检查个人仪容仪表,应着装整洁,发型、头饰、化妆均符合标准,保持良好的精神状态。

知识拓展

1. 乘务员的形象要求　Overall Appearance

乘务员代表着航空公司对外展示的企业形象,因此对职业形象有较高的要求:整体自然清新、端庄典雅、充满活力、富有时代感(见图3-32)。

(1) 制服要求。乘务员在执行航班任务时应穿着企业统一下发的制服和配饰,一般包括帽子、大衣、风衣、外套、衬衣、套裙、西裤、丝巾、领带、领带夹、皮带、皮鞋、工号牌/姓名牌等。

① 清洁。制服应干净无污渍,皮鞋保持光亮。

② 平整。制服应熨烫平整、无皱痕,衬衣应束于裙或裤腰内。

③ 完好。制服应完好无脱线,衣扣、拉链完好,丝袜无钩丝。

图3-32　专业化形象
Fig 3-32　Professional image

(2) 妆容要求。乘务员妆容要按照企业标准,保持清新靓丽,符合职业形象。

① 女乘务员要求。妆面与肤色、制服色调协调,妆容柔和不夸张。短发不得短于三寸、刘海不过眉、盘发要求发髻光洁;可使用淡香水。

②男乘务员要求。头发清洁、长度适中,不得短于1厘米,前不遮耳、后不遮领,发型自然、无头屑;剃净胡须、修剪耳/鼻毛,保持面部皮肤滋润。

(3) 其他要求。

① 执行航班不佩戴造型夸张的饰物和手表。

② 双手保持清洁无污物,不留长指甲,指甲保持洁净和光泽。

③ 值勤前 8/12/24 小时内不饮酒,值勤前不抽烟、不吃气味较重的食品,保持口气清新。

2. 如何训练微笑　Practice Smile

(1) 对镜训练法。端坐镜前,调整呼吸,双唇轻闭,嘴角微上扬,面部舒展,眼神、眉目同步。

(2) 含箸练习法。将筷子横放在嘴中,用牙齿轻轻咬住,对着镜子记住面部、嘴部的形状,以观察巩固微笑状态。

(3) 双眼含笑法。用纸挡住鼻子以下面部,对镜练习眼中含笑。

(4) 快乐回忆法。回忆快乐的场景,唤醒记忆中情绪愉悦的感觉,使微笑自然体现。

(5) 观摩欣赏法。几个人一起互相观摩讨论、互相鼓励,分享开心微笑;也可注意观察他人的微笑,时时模仿。

五、相关术语　Terminologies

航线图。标明飞机飞行航线、距离及地点的图示。

载重平衡。就是为了飞机的飞行安全,妥善安置旅客及机载物品的布局而保持飞机正常的重心平衡。

随机业务文件袋。是指每段航班执行任务时必须具备的各种文件,包括舱单、货单、邮件单、国际航线还有总申报单、旅客名单等,这些文件都由地面工作人员在航班起飞前送上飞机,由当班乘务长签收保管。

清舱。旅客登机前或旅客下机后,安全员或乘务员检查机上所有部位,确保机上无外来人和外来物。

学 习 小 结

直接准备阶段时间短、工作内容多,要求乘务员对各自工作区域的应急设备、服务设施、机供品的存放位置、检查方法与标准做到熟记于心,更要求乘务员严格执行清舱标准。乘务员在直接准备阶段体现了严谨的工作作风、娴熟的业务技能和优质高效的直接准备是航班任务顺利圆满实施的重要保障。

课　业

　　1. 乘务组根据号位在模拟舱开展应急设备检查、客舱设备检查、机供品检查和清舱工作,并依次练习相关口令。

　　2. 2人一组相互练习:口述所有应急设备检查内容。

下篇　客舱服务实施
Part III　Inflight Service Implement

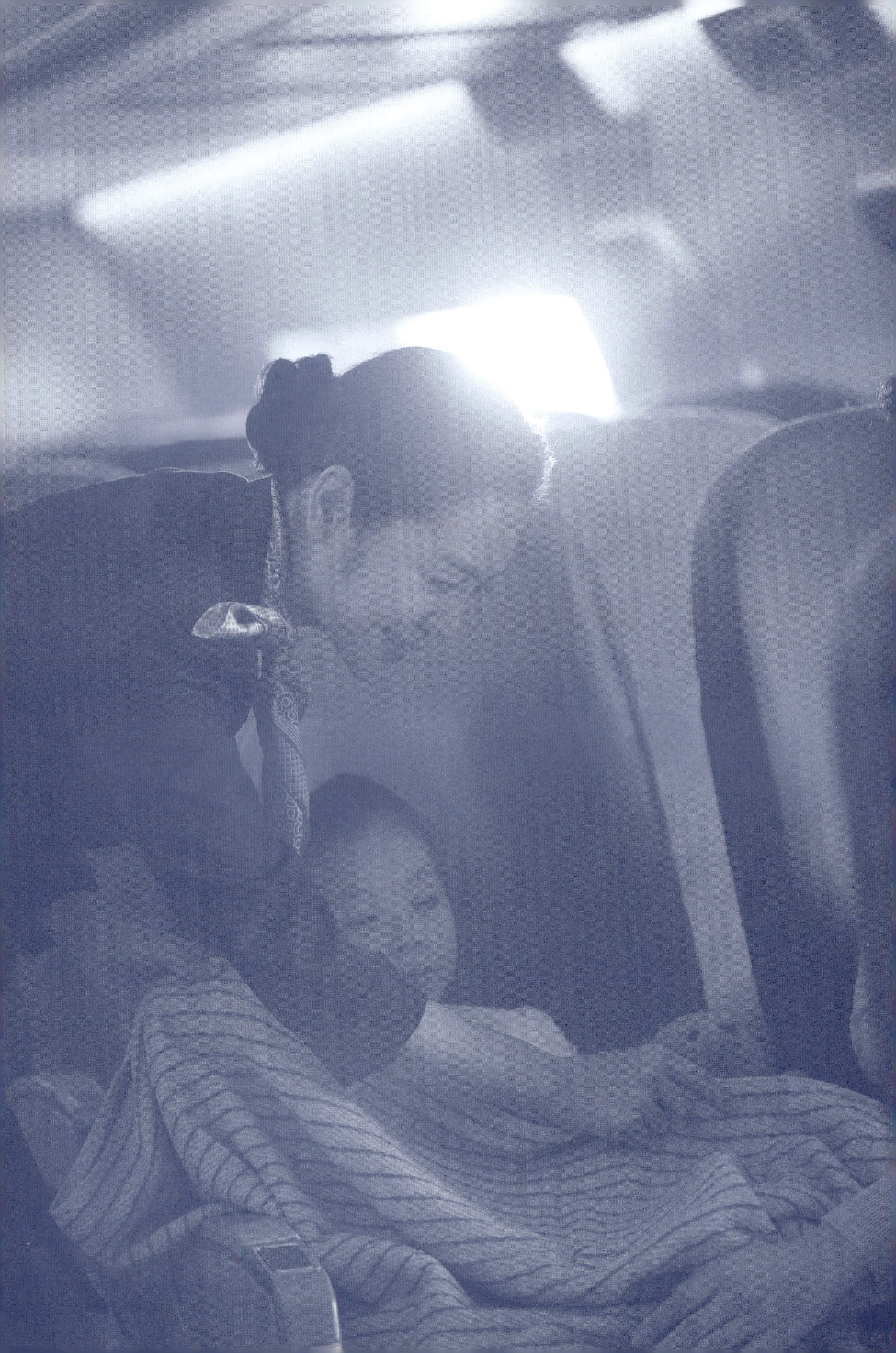

模块四 迎送客服务
Module 4　Boarding Service

○ **学习目标**

- 知识目标
  1. 能够掌握旅客登机的服务程序。
  2. 能够掌握旅客登机的服务标准。
  3. 能够掌握登机服务动作、礼仪和语言规范。
  4. 熟悉登机服务中常见问题及处理流程。

- 能力目标
  1. 能明确并熟悉登机服务工作程序及相关内容和要求。
  2. 能运用得体的言谈、举止和规范的礼仪、动作进行登机服务。

- 素养目标
  1. 养成良好的个人礼仪修养和优雅的气质。
  2. 养成团队合作意识和较强的服务意识。

任务一 迎客服务
Task 1 Welcome Passengers

任务引导

飞行实施阶段是乘务员全面实施安全服务工作的阶段,而迎客服务更是体现空中服务品质的一个关键环节。该任务选择了问候与引导分流两个重要的迎客服务环节,包括问候服务的姿态、语言及问候服务的规范;以及通过指导语言、引领动作和行李管理三方面介绍了迎客服务中引导分流的基本服务要求。学习者通过对该任务的学习能够对登机服务环节有所了解并掌握相关的服务要求和技能。

1.1 问候 Greet the Passengers

情境案例

某航班,乘务组各就各位后,旅客开始从廊桥登机。乘务长面带微笑在登机口问候旅客:"您好!欢迎登机!",前舱乘务员小李有点精神不振,"Hello, where is your seat?",摊开双手示意旅客:"你的登机牌呢?给我看一下"……

During the boarding, the purser greets passengers with smile: "Good morning, Sir! Welcome aboard!" while her colleague Li looks in low spirits, "Hello, where is your seat?", and shrugs at the passenger, "Where is your boarding pass? Let me have a look" …

• 思考

1. 案例中,乘务员小李对旅客的问候恰当吗?我们应该如何问候旅客?
In this case, is crew Li's greeting proper? How should we greet passengers when boarding?
2. 案例中,小李还存在什么问题?
In this case, what other problems does Li have?

知识链接

登机服务处于乘务组与旅客第一印象的建立阶段,提供热情、细致、优质的登机服务是乘务员与旅客建立良好客我关系的第一步。乘务员要充分认识到登机服务的重要性,把握机会,使旅客在第一时间对自己留下良好的印象,为后续航班实施奠定基础。

一、个人准备　Personal Grooming Check

客舱检查完毕后,乘务员应根据专业化形象要求,进行迎客前的自查、互查。及时补妆、整理服饰,以确保乘务组良好的整体形象与精神面貌。

二、问候姿态　Greeting Gesture

乘务员在迎客时采取基本站姿,上身前倾15~30度,即一度鞠躬、二度鞠躬,并同时做到面带微笑、注视旅客、语言配合、礼貌动作(见图4-1)。

(a) 正面　　(b) 侧面

图 4-1　鞠躬

Fig 4-1　Bow to the passengers

三、问候语言　Greetings

(1) 先生/女士,早上好!下午好!晚上好!
Good morning/afternoon/evening, Sir/Madam！
注:如下为机上问候语的时间段。
早上为00:00~11:59,下午为12:00~17:59,晚上为18:00~23:59。
供参考,乘务员在使用时应根据本国、本公司具体规定执行。
(2) 您好!欢迎登机!
Hi/Hello, welcome aboard！

(3) 很高兴又见到您！

Nice to meet you again！

(4) 请出示您的登机牌。

May I see your boarding pass please？

Would you please show me your boarding card？

Your boarding pass, please？（注：适用于较熟悉的旅客）

(5) 请问您的座位号是多少？

What's your seat number？

(6) 王先生，好久不见！

Mr.Wang, haven't seen you for a long time！

注：Long time no see 是中式英语，也可以用于较熟悉的旅客。

四、问候规范　　Greeting Guidelines

乘务员在登机口欢迎旅客时，应提供主动、热情、周到的服务。

一般情况下，旅客距离较远时，可面向旅客，保持微笑注视以示友好，待旅客走近距离约 2~3 米时，点头致意行一度鞠躬礼，并辅以恰当的问候语。

遇特殊旅客尤其是行动不便、需要帮助的旅客登机时，可主动向前几步予以搀扶或帮助提拿随身行李，以姓氏称呼旅客，提供热情、亲切的登机服务。

在客舱内迎宾的乘务员应注意保持微笑、随时侧身礼让旅客，在旅客登机过程中礼貌、热情地与旅客互动。

五、登机管理　　Boarding Management

在登机过程中，乘务员不仅承担着迎宾、引导的职责，还需要对旅客的状态、随身行李物品等加以关注。

遇明显醉酒不适飞行的旅客，乘务员可经由乘务长报告机长，请该旅客改签或取消航程。

对于旅客携带过多数量、过大体积/重量的行李时，乘务员可要求旅客托运行李。

知识拓展

1. 随身携带行李　Carry-on Baggage Restrictions

一般情况下，除免费交运的行李外，每一持有全价或半价客票的旅客，可免费随身携带以下物品：女用手提包一个、大衣(或雨衣)一件或旅行用毛毯一条、手杖一根或伞一把、飞行途中用的少量读物、小型照相机一架、小型望远镜一具、手提电脑一台、智能手机两台、平板一台、充电宝两个、婴儿食物(限旅途食用)、婴儿摇篮限一个、供行动不便者使用的可折叠轮椅或一副拐杖、撑架或假肢。

2. 特殊旅客登机　Special Passenger Boarding Service

为保证旅客快速登机,乘务组为特殊旅客提供优先登机服务,尤其是残障旅客、轮椅旅客、无陪儿童等需要特殊照顾的人群。

实践演练

1. 由5名学生组成乘务组,乘务长主持,在模拟舱内做迎客准备。

要求:检查个人准备。

2. 由5名学生组成乘务组,其余学生扮演旅客,轮替开展登机服务(教师提前规定航班号等信息,学生按照要求绘制登机牌,以熟悉登机牌信息内容,且掌握快速浏览登机牌关键信息的方法)。

要求:练习登机姿态、服务语言(中英文)。

问题思考:

1. 1名常旅客在登机时表明自己的身份,要求将超重行李带上飞机,如何解决?
2. 登机过程中,5岁的无陪小朋友要求乘务员抱抱,如何解决?

1.2　引导分流　Guide the Passengers

情境案例

航班登机过程中,乘务组成员按照号位站在客舱中,面带微笑欢迎旅客登机,并亲切地问候旅客。慢慢地,登机的人流停滞不动,甚至廊桥上也开始拥挤,客舱中十分嘈杂⋯⋯

Crew members are greeting the passengers with smile during boarding. But gradually, the boarding processing becomes slowing down and the aerobridge are crowded with passengers...

- **思考**

1. 本案例中,是什么原因导致客舱嘈杂、旅客登机缓慢?

In this case, what is the reason slow down the boarding processing?

2. 旅客登机过程中,乘务员除了亲切的问候还需做什么?

Besides greeting, what duty should cabin crew conduct?

3. 旅客登机过程中,乘务员会遇到哪些特殊状况?

What kind of special situation might cabin crew encounter during boarding?

知识链接

登机过程中旅客人流量大，且速度快，此时乘务员的工作除了与旅客问好、欢迎旅客登机，还需通过查看旅客的登机牌知道其座位在客舱的什么位置，引导旅客就座。有部分旅客带有随身行李，而行李架空间有限，导致整体旅客的登机时间变长。乘务员要充分认识到引导分流、安置行李对提高客舱服务效率的重要性。

一、引导语言　Directing Expressions

（1）您的座位在客舱的后间，请往里面走。

Your seat is in the rear of the cabin, please go straight.

（2）你的座位在里面的过道，请往这边走。

Your seat is in the next aisle, this way please.

（3）找到位置的旅客请尽快入座，方便后面的旅客登机。

Please take the seat according to your seat number as soon as possible, to keep the aisle clear for other passengers.

（4）您的座位号是4A，请走这边通道。座位号标在行李架上。

Your seat number is 4A, please take this aisle to the fourth row. The seat number is indicated on the overhead compartment.

（5）对不起，行李架已满，您是否介意我帮您把行李放到客舱后部？

Sorry, Sir! The overhead locker is full now. Would you mind if I put your baggage in the rear of the cabin?

（6）需要我帮您摆放行李吗？

May I help you with your bag?

二、引领动作　Directing Gesture

乘务员在引导旅客入座时身体姿态基本与迎客时相同，需注意的是手部引导动作：五指并拢，指向座位方向，手掌与地面成45度（见图4-2）。归置行李时需注意仪容，整理制服。

三、行李管理　Cabin Baggage Management

旅客随身行李是有限制的，例如，国航规定经济舱旅客可免费随身携带一件行李，其体积不超过20厘米×40厘米×55厘米，重量不超过5千克，便携电脑包、女士随身小包不包括在内。大件行李可交给地面，要求托运。另外，携婴儿出行的旅客，可携带一件便携式折叠婴儿车，折叠后长、宽、

图4-2　引导手势

Fig 4-2　Directing gesture

高不得超过 55 cm、40 cm、20 cm，超过上述尺寸的应予托运。

出口位置是指在舱门附近的第一排座位及翼上出口位置，坐在出口位置的旅客，所有的随身行李都要放到行李架上，以防止在紧急情况发生的时候，随身行李变成障碍物。

监控放有应急设备的行李架，其上不得放置任何行李。

及时关闭已装满行李的行李架，以防行李滑落（见图 4-3）。

图 4-3　关闭行李架

Fig 4-3　Latch the overhead compartment whenever fully loaded

视频：登机牌

视频：登机服务

知识拓展

1. 客舱座位分布　Cabin Layout

（1）B737-800 的座位分布。

B737-800 型飞机是一款由美国波音公司制造的单通道窄体机，共有 4 个地板高度出口，及 4 个翼上出口，客舱座位分布详如图 4-4 所示（根据航空公司订制需求可调整）。

波音 B737-800（159个座位）

头等舱：1~3排，共12个座位　经济舱：11~35排，共147个座位

■ 头等舱　□ 经济舱　Ⓛ 盥洗室　Ⓖ 厨房　Ⓒ 衣帽间　▲ 逃生出口

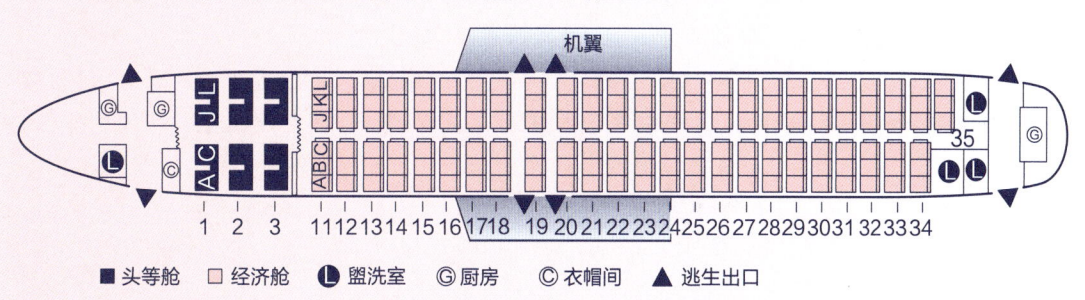

图 4-4　B737-800 的座位分布示意图

Fig 4-4　B737-800 cabin layout

座位分布：头等舱左2、右2，左侧为AC座位，右侧为JL座位；经济舱左3、右3，左侧为ABC座位，右侧为JKL座位。

乘务员站位：使用L1门登机，头等舱乘务员站在头等舱；后舱乘务员分别站在经济舱第一排、翼上出口、翼上出口后三排欢迎旅客登机。

(2) B777-300ER的座位分布。

B777-300ER(extend range,加长版)是一款由美国波音公司制造的双通道宽体客机，共有10个出口，客舱座位分布如图4-5所示。

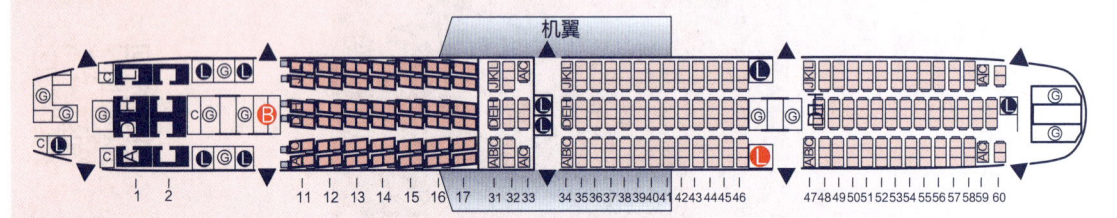

图 4-5　B777-300ER 的座位分布示意图

Fig 4-5　B777-300ER cabin layout

座位分布：头等舱左1、中2、右1，左侧为A座位，中间为DH座位，右侧为L座位；商务舱左2、中2、右2，左侧为AC座位，中间为DH座位，右侧为JL座位；经济舱左3、中3、右3，左侧为ABC座位，中间为DEH，右侧为JKL座位。

乘务员站位：使用L1、L2门登机，一名乘务员站在L1门，两名乘务员站在L2门；头等舱2名乘务员，一人站在L过道，一人站在R过道；商务舱2名乘务员，一人站在L过道，一人站在R过道；经济舱4名乘务员，一人站在前半舱L侧过道，一人站在后半舱L侧过道，一人站在前半舱R侧过道，一人站在后半舱R侧过道。

2. 特殊情况的处理　Special Situation Handling

(1) 重号处置(double seating)。少数情况下，地面值机系统会出现失误，导致一个座位号同时分配给两名乘客。在这种情况发生时，首先对乘客表示抱歉，请他们到客舱后部稍等，并将两张登机牌交至地面工作人员，为其调整座位。

(2) 换座位处置(change seat)。当乘客提出想要换座位时，请乘客先入座，保证登机效率；在乘客完全登机完毕之后，和该乘客说明在起飞、下降阶段，因为飞机配载平衡的原因，务必对号入座，平飞之后，在获得其他旅客同意的情况下，可以换座位；并应了解换座位旅客是否是特殊旅客，是否预订特殊餐等。

实 践 演 练

1. 由5名学生组成乘务组,其余学生扮演旅客带登机牌登机,开展引导分流的练习。
要求:熟知座位在客舱中的分布。
2. 由5名学生组成乘务组,小组内开展特殊情况的处置演练。
要求:掌握特殊情况处置的语言技巧。
问题思考:
1名坐在出口座位的乘客带有随身行李,但表示是贵重物品不愿意放在行李架上,应如何处置?

任务二　两舱登机服务
Task 2　Boarding Service for First & Business Class

任务引导

头等舱、公务舱旅客享受机场地面的VIP服务,在登机时也尊享优先登机、专用通道登机、更多行李额度、欢迎饮料、书报杂志、姓氏服务等多种特色服务。

2.1　姓氏服务　Address Passengers with Surname

情境案例

某航班,乘务组都在忙碌的登机服务中,这时,一位旅客从经济舱登机通道上机,走入头等舱并就座。乘务员小李迅速查看了旅客名单,微笑着走上前去并提供了报纸……

The cabin crew is in busy boarding service.Crew Li finds a passenger boarding through economy class zone and takes seat in first class.　She goes back to galley to check and confirm the passenger list,and then she greets Mr.Zheng with a smile and offers newspapers…

• 思考
1. 本案例中,乘务员小李提供了何种头等舱旅客特有的服务?
In this case,what first class service has Li offered?

2. 你认为本案例中哪些细节上处理得正确、得当？
What are the excellent service details in this case？

知识链接

两舱服务要求对旅客开展姓氏服务，乘务员必须根据旅客名单做好业务准备，正确、有礼地开展姓氏服务。

结合中西方礼仪规则，我们在称呼他人时需遵循以下要点。

1. 通称　General Address

对男士尊称 sir（先生），对女士尊称 madam（女士）。

2. 姓氏尊称　Address with Surname

对男士称 Mr.+ Surname/Family name，某（姓氏）先生；对未婚女士称 Miss + Surname/Family name，某（姓氏）小姐；对已婚女士可以称呼 Ms.+Surname/Family name，某（姓氏）女士。

在西方国家也有一些女性在婚后沿用传统的称呼方式——在自己的姓氏前加上夫姓，可以称呼为：Mrs.+ 夫姓。

3. 职位、行政级别称呼　Address with Title, Rank

对于航空公司的 VIP，我们也可以根据其行政级别来称呼，如李部长、钱县长等。但要注意保护贵宾旅客的隐私，不得大声称呼其职务。

4. 职务、职称、职业称呼　Address with Position, Profession

对于一些特别职业的旅客，可以根据其喜好称呼，如张教授、赵医生、陈博士等。外国旅客中也常有将博士或医生称为 Dr.+ surname 的习惯。对于一些 VIP 则根据其职务进行称呼，如沈董事长、宋主任等。

知识拓展

皇室成员旅客的特殊称呼 Address to the royal family

在飞行中也会碰到一些国家的皇室成员，通常我们以 Your Majesty（陛下）称呼君主、国王；与他人提及君主、国王时以 Her/His Majesty 代指。

对皇族成员中的王子、亲王、公主、王妃等称呼为 Your Highness，即殿下。

实践演练

由10名学生为一组,1人扮演头等舱乘务员,其余9人扮演旅客,开展登机过程姓氏服务。

2.2 行李服务 Baggage Service

情境案例

某航班,头等舱金卡旅客姚女士入座时,把行李放在了座位旁的过道上。新晋两舱乘务员小魏微笑着迎上前去询问是否是她的行李。姚女士点头确认并请求小魏帮她把行李放到行李架上。小魏很愿意帮忙直到发现行李箱比想象的要重得多……

First class gold card holder Ms.Yao leaves her cabin bag in the aisle aside her seat, the newly promoted first class crew Wei welcomes her with a gentle smile and asks if the bag belong to her. Ms.Yao nods and asks Wei to stow the bag in overhead compartment. Wei is willing to help till she finds out the bag is much heavier than she expected...

• **思考**

本案例中,乘务员小魏应如何处理?

In this case, how should Wei handle this situation?

知识链接

1. 行李箱摆放 Stowage of Passenger's Baggage

例如,姚女士作为头等舱旅客,又是金卡旅客,是航空公司的重要服务客户;其作为女性,更应在行李摆放等环节得到帮助。而小魏作为女性乘务员,其自身体力与姚女士并无太大差异,在这种情况下,可以灵活解决,建议方案:① 可婉转向姚女士表达,行李较重,可否一起合力放入行李架;② 可向男性乘务员寻求帮助;③ 小魏也可征求姚女士的意见,将行李箱放在衣帽间内。

2. 旅客衣物 Stowage of Passenger's Coats

两舱旅客请乘务员将其衣物挂在衣帽间,乘务员需询问旅客是否有贵重物品遗留在衣物口袋里,得到否定的确认后,向旅客拿取登机牌放入衣物外侧口袋或夹在衣架上,以方便归还时辨识。

实践演练

1对1形式模拟为金卡旅客开展行李服务,注意特殊情况的处理方法。

2.3 欢迎饮料服务 Welcome Drink Service

情境案例

李先生第一次尝试坐头等舱。登机后,乘务员小宋非常热情地欢迎他并帮助他放好行李、挂好外衣,并提供了热毛巾。李先生觉得有点口渴,询问有没有什么可以喝的……

Mr.Li is experiencing his first time first class flying. Crew Song offers warm welcome to him and help with baggage and coat stowage, and then a hot towel to refreshing. Li feels thirsty and hesitantly asks for a drink...

● 思考

1. 如果你是小宋,你会如何提供服务?
How will serve if you are crew Song?
2. 在登机时,是否可以提供酒精饮料?
Is alcoholic drink allowed to provide to the passengers on ground?

知识链接

大多数航空公司对头等舱旅客提供欢迎饮料服务,常见的选择有香槟、果汁、水等清凉解渴的且易于准备、方便饮用的饮品。根据各国海关的相关规定,在国际航线上一般不在地面提供其他酒精饮料。

在开展地面欢迎饮料的服务时,应注意以下几点。

(1) 服务常旅客、会员旅客时,需提前查阅资料,了解旅客以往的偏好、习惯,相应推荐饮品,例如,"王先生,我们准备了香槟、鲜榨橙汁和矿泉水,您这次仍是喝橙汁吗?还是尝一下近期新推出的酩悦香槟?(Mr.Wang, we have prepared Champagne, freshly squeezed orange juice and mineral water, will you take your usual choice orange juice? Or would you like to try our new product, the Moet?)"以使旅客能有宾至如归的感觉。

(2) 需介绍新品、特色,以吸引旅客的兴趣,使其关注到欢迎饮料设计、供应的创新与变化,体会航空公司在两舱服务的独到用心,提升旅客服务体验满意度。

(3) 对于每一位旅客,需仔细观察,用心了解旅客的不同需求,做到个性化服务。

(4)随时观察、记录旅客对欢迎饮料的喜好程度或相关建议,有助于及时向客舱产品设计部门反馈,并及时调整。

实践演练

由 5 名学生为一组,1 人扮演头等舱乘务员,其余 4 人扮演旅客,开展登机过程欢迎饮料的服务。

2.4　书报杂志服务　Newspapers and Magazines Services

知识链接

在航前直接准备阶段,前舱乘务员要将书报杂志分类整理并叠好,美观地放在飞机上的指定位置(经济舱旅客的报纸一般放在靠近登机门的廊桥供旅客自行拿取,杂志一般放在座椅背后的口袋里,也有的航空公司在平飞后由乘务员分发给旅客)。由乘务员发放报刊时,如果是双通道飞机,那么两边乘务员的工作进度要尽量统一。

针对两舱旅客的书报杂志服务在登机阶段开展,由乘务员逐一提供给每一位旅客。

一、杂志和报纸的摆法　Presenting Magazines and Newspapers

1. 扇形摆法　Fan Type Presenting

扇形摆法适用于杂志和竖版的报纸,相同的报纸可以摆在一起,不同的报纸扇形展开,相同的杂志不能摞起来,直接展开即可。

拿法:左臂伸直,左手四指并拢、手心朝上,托住报纸、杂志的底部,拇指在里侧;右手四指并拢、手心朝上,大拇指扶在报纸、杂志的右上角(见图4-6)。

2. 层叠摆法　Layer Type Presenting

层叠摆法适用于横版的报纸,相同的报纸可以摆在一起,不同的报纸露出报头,依次层叠。

拿法:左臂伸直,左手四指并拢、手心朝上,托住报纸的底部,拇指在里侧;右手四指并拢、手心朝上,大拇指扶在最上面的报纸、杂志的右上角(见图4-7)。

二、杂志和报纸的发放要求　Service Techniques of Magazines and Newspapers

(1)熟悉所配刊物的名称。
(2)拿的要有力度。
(3)站稳后再介绍,身体前倾,与旅客成 45° 角。
(4)眼睛看着旅客。

图 4-6　用扇形摆法展示杂志
Fig 4-6　Presenting magazines with fan type

图 4-7　用层叠摆法展示报纸
Fig 4-7　Presenting newspapers with layer type

（5）语言："女士／先生，您想阅读报纸／杂志吗？我们有××××，您请。"（Sir/Madam, would you like to read newspapers or magazines？ We have ××××, please take your choice.）

实践演练

5人一组，1名学生扮演乘务员，向头等舱旅客（由4名学生扮演）分别用中文、英文开展报纸和杂志的服务。

任务三　送　客　服　务
Task 3　Farewell Service

任务引导

飞机降落，到达停机坪，舱门开启意味着旅客已经到达目的地。乘务员在此时与旅客愉快道别，感谢旅客选择搭乘本公司的航班，希望旅客能成为回头客。

情境案例

飞机滑行到达停机坪。舱门打开后,旅客们拿起随身行李,有序下机。此时,有一位小旅客在座位上四处张望,似乎在寻找什么。乘务员小郑微笑着走上前去:"小乐乐,别着急,等一下姐姐会把你交给地面工作人员,她会带你去找爸爸、妈妈。"

The aircraft slowly taxing to the parking bay. Passengers are getting off the plane orderly while a little child seems looking for something. Crew Zheng smiles to her, "little Lele, don't worry, I will show you to the ground staff, and she will take you to your daddy and mummy soon."

● **思考**

1. 本案例中,乘务员小郑提供的是什么服务?

What service does Zheng offer in this case?

2. 送客服务有哪些职责?

What are the responsibilities during farewell service?

知识链接

旅客下机时,是整个飞行实施结束的阶段,当舱门开启、客舱灯光调亮时,乘务员应在规定位置送客(如:PS1,即乘务长站在L1门内侧),注意服装整洁,面带微笑,以15°~30°鞠躬礼与旅客道别。乘务员尤其应注意不因航班临近结束而对服务工作和安全工作稍有松懈。需耐心等待每位旅客下机,不能因急于清舱而忽略旅客的感受。

1. 行李物品　luggage reminder

飞机降落后逐渐减速滑行至停机位,此时乘务员应检查是否还有衣物、行李等物品尚未归还给旅客,应特别注意检查衣帽间、厨房冷藏箱等储物空间。在欢送旅客时应逐一提醒旅客带齐物品,检查椅袋、行李架是否有遗留物品。

2. 特殊情况　special cases

送客服务时应安排VIP、头等舱和公务舱旅客优先下飞机。

如遇旅客转机时间不足的情况也可视情予以其优先下机;对于正常转机的旅客,应尽力协助,提供相关信息指导,方便旅客快速、便捷地完成转机流程。

乘务员务必要服务好特殊旅客,协助其带好行李物品,与地面人员做好交接,确保特殊旅客得到圆满的服务。

3. 送客语言

旅客在下机过程中,乘务员鞠躬致意欢送旅客,可以使用的语句如下。

(1) 感谢您的配合,祝您在××(抵达城市名)逗留愉快!

Thank you for your cooperation, wish a pleasant stay in ××!

(2) 欢迎您回家,祝您晚安!

Welcome back and good night !

（3）谢谢您，再见！

Thank you and goodbye !

（4）感谢您的宝贵意见，预祝您下一段旅程愉快！

Thank you for your feedback, wish you happy next trip !

（5）感谢您乘搭我们的航班，期待很快能再次见到您！

Thank you for flying with us, looking forward to meeting you soon !

实 践 演 练

由5位学生组成乘务组，按规定站立于客舱内送客位，10名学生模拟旅客带行李下机，乘务员模拟送机服务。

学 习 小 结

登机迎客，落地送客，既考验乘务员的服务态度与举手投足，又对乘务员的沟通能力和应变能力提出较高的要求。只有认真对待每一个航班任务，真正把旅客的需求放在第一位，才能为每一次飞行呈现一个美好的开始和一个圆满的结束。

课　　业

1. 由5名学生组成乘务组，在乘务长的带领开展登机服务模拟（包含问候服务和引导分流服务），乘务组练习一次特殊情况的处理。其余学生扮演乘客，带登机牌、行李登机。当出现下列情况时，请开展模拟服务。

（1）有旅客表现不安，或者在哭泣；

（2）一位年长的旅客在很费劲地安放行李；

（3）听到有旅客说第一次坐飞机；

（4）一位年轻女士带着孩子和行李登机。

2. 由5名学生组成乘务组，在乘务长的带领下开展降落后的送客服务。其余学生扮演乘客下机，当出现下列情况时，请开展模拟服务。

（1）盲人旅客下机；

（2）旅客下机时发现行李架上的包不见了；

（3）旅客向乘务长表示："再也不坐你们的飞机了！服务太差了！"

模块五 餐饮服务技能
Module 5　Meal & Beverage Service Skill

○ 学习目标

- 知识目标
  1. 能够掌握基本餐饮服务流程。
  2. 熟悉餐饮服务的标准。
  3. 熟悉餐饮服务中的常见问题及处理流程。

- 能力目标
  1. 能灵活使用餐饮服务相关工作用品。
  2. 能运用餐饮服务知识进行餐饮服务模拟。

- 素养目标
  养成良好的安全意识、团队合作意识和服务意识。

视频：托盘

任务一　使用托盘服务
Task 1　Using Trays

任务引导

乘务员会正确使用托盘在客舱里为旅客提供餐食、饮料和细软物品，通过本任务的学习，学生能够学会不同托盘的使用方法与技巧。

情境案例

刚开始巡航阶段，乘务员小郝走进厨房，端起5号乘务员准备好的一盘饮料就要去客舱服务，这时乘务长拉住了她……

The flight has just started its cruising, crew Hao walks into the galley and take a tray of drink to the cabin while the purser stops her...

• 思考

1. 为什么乘务长拉住了她？
Why does the purser stop her？
2. 我们在使用托盘时，应注意哪些方面？
What should we pay special attention to when using trays？

知识链接

1. 托盘的分类

按照尺寸的不同，托盘一般可分为大托盘、中托盘(2/3大小)和小托盘(1/4大小)。大托盘可放满15杯饮料。

2. 托盘的端法

端托盘时，大小臂之间呈90度左右夹角，双手端在盘子的近身端，大拇指扶在托盘的边缘，其余四指并拢在托盘的底部，尽可能将托盘靠近身体，有助于保持托盘的平稳（见图5-1）。

3. 托盘的使用

使用盛放物品的大托盘在客舱转身时，要做到"身转盘不转"。一手握住面对身边的托盘边缘,一手向身后推,同时转身,再用双手握住托盘后 1/3 处,将托盘上的物品放于靠近身边一侧。在转动时应保持重心,姿态优雅。

图 5-1 端托盘(左:大托盘;右:小托盘)
Fig 5-1　Holding tray(left:big size tray;right:small size tray)

使用盛放物品的小托盘在客舱转身时,手握托盘后 1/3 处直接转身。

4. 注意要点

在客舱内不可以端着空托盘行走。拿空托盘时,托盘朝里竖着拿,拇指在里侧,四指并拢在外侧,整个托盘内侧靠近身体一侧,自然下垂(见图 5-2)。

图 5-2　空托盘放于身侧
Fig 5-2　Empty tray should be carried by body side

当乘客将不用的杯子交与乘务员时方可端起托盘,将杯子从靠近身体侧向外摆放整齐。使用托盘必须要关注盘面的整洁干爽。送礼品时,用大托盘装礼品,要求摆放整齐美观,礼品的标识正对乘客。

实践演练

学生两两组队进行托盘训练。
要求:练习托盘转身、使用大托盘收杯子、使用大托盘送饮料(15 杯)。

视频:餐车

任务二　餐车的应用
Task 2　Meal Carts

任务引导

作为餐饮服务的必需品,每个航班上都会配备相应的饮料车和餐车。通过本任务的学习,学生能了解并掌握餐车的使用方法、注意事项和在餐车上摆放餐食的方法。

2.1　餐车的使用　Meal Carts Operations

情境案例

在飞行途中,乘务员正在忙碌着为旅客提供餐饮服务。飞机突然遇到气流,乘务员小陆赶紧蹲下拉住座椅杆,餐车快速滑向后舱,撞到了旅客的手臂……

Cabin Crew are busy with meal service while the aircraft encounters sudden turbulence. Crew Lu quickly squats down and holds the seat railings while the meal cart slides to the rear cabin and hits a passenger's arm...

- 思考

1. 本案例中,为什么旅客会受伤?
In this case, why does the passenger get injured?

2. 乘务员小陆在操作规程上有什么问题?应如何避免?
What is the lapse in Lu's operation procedure? How to avoid this problem?

知识链接

1. 餐车的构造 Cart's Structure

餐车的构造如图5-3~图5-5所示,其车身为深蓝色,台面为金属银色。前后有两扇可以单向开关的车门。从上至下,车内共有12个隔层,用以摆放餐食(meal)、水格子(cart top drawer)、托盘(tray)、水杯(plastic cup)和各类饮料(drink)。

图5-3　餐车(正面)
Fig 5-3　cart(front)

图5-4　餐车(侧面)
Fig 5-4　cart(side)

图5-5　餐车(内部)
Fig 5-5　cart(inside)

2. 餐车的使用 Use of Carts

在使用餐车时,必须有双人推拉(见图5-6)。面向机尾方向的乘务员拉(见图5-7),面向机头方向的乘务员推(见图5-8)。推车时,双手扶在餐车的两角处,控制好方向。车停下来为乘客服务时,要注意随时踩刹车(见图5-9)。拉餐车时,两手拉住餐车上部扶手,控制好方向,停下时要记得踩刹车(brake)。

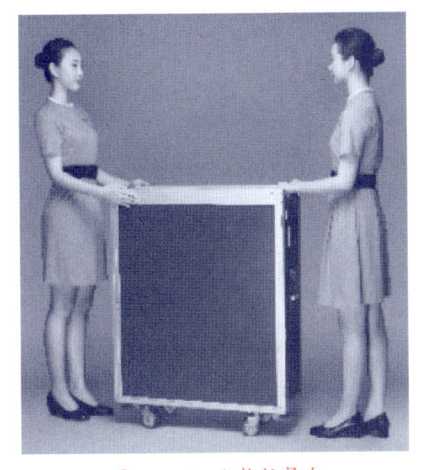

图5-6　双人推拉餐车
Fig 5-6　2-crew operating

图5-7　拉车
Fig 5-7　Pull cart

图 5-8　推车
Fig 5-8　Push cart

图 5-9　踩刹车
Fig 5-9　Brake

3. 注意要点　Cautions

在餐饮服务时要注意，台面上的物品摆放应整齐稳当，提示过道旅客小心，避免碰撞或碾压。停下时随时踩刹车，乘务员不能将餐车单独留在客舱中。

4. 餐车的停放　Stowage

将餐车推回服务间后，应及时确认餐车前后两个门都已关好。将车推进相应的车位后踩刹车，并用锁扣加以固定。在起飞和降落等关键阶段，乘务员应确保机上所有餐车在固定位置锁好、扣牢。

实践演练

学生两两搭配，在客舱内交替进行餐车的推拉与行进操作。

要求：使用规范的提示语。例如，餐车经过，请小心胳膊／腿。The meal cart passing by, please mind your arms/legs.

2.2　摆放餐食　Meal Stowage in Carts

知识链接

一般情况下，餐食分为点心餐和正餐两种，点心餐需摆放点心盒，正餐需摆放热食盒。

（1）点心盒（snack box）可横插或竖插放在车内，一辆餐车可插75份点心盒（见图5-10）。

（2）正餐服务时，热食应整齐、稳妥地摆放在置于餐车内的托盘上（见图5-11）。为避免热食滑落，摆放热食前，应先将大托盘放入餐车，再将托盘部分拉出从内往外摆放热食。摆放热食前需确认餐车另一侧车门是否扣好，以避免拉车时车门打开，餐食滑落。

应先烘烤餐食再烘烤面包，餐车推入客舱前，将烤好的面包从烤炉中取出，放入面包篮内，确保卫生、美观，再放于餐车上，使用面包夹提供。

图 5-10　摆好点心盒
的餐车

Fig 5-10　Cart loaded
with snack boxes

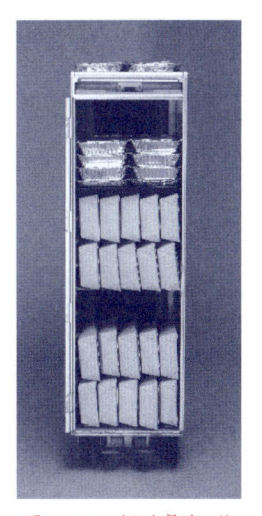

图 5-11　摆放餐盒、热
食的餐车

Fig 5-11　Cart with
snack boxes and hot meals

视频：餐水
车的摆放

实践演练

学生两两搭配进行餐食摆放练习。

要求：一名学生摆放后，另一名学生进行点评。

任务三　水车的应用
Task 3　Drink Carts

视频：餐水
车的应用

任务引导

通过本任务的学习，学生能独立摆放一个完整的水车。

知识链接

在餐饮服务中，乘务员会单独摆放一辆水车（也叫饮料车）进行饮料服务，水车上会摆放一个或两个塑料抽屉（水格子、饮料架），铺上防滑纸，将饮料按规定摆放在里面。

079

一、水格子的摆放　　Drink Container Arrangement

水格子中饮料的摆放（见图 5-12）一般按照中部向两边由高到低的原则摆放。一瓶雪碧、一瓶可乐和两瓶大矿泉水摆放在透明塑料抽屉中间，两侧摆放果汁饮料，两侧的果汁饮料品种尽量对称，标签、品名面向旅客，罐装饮料不可叠放。杯子倒扣，摆放高度不能超过大罐饮料的高度。

二、水车的摆放　　Drink Cart Arrangement

水格子摆放完成后，水车台面铺布巾，将一个水格子放在水车台面的中间（见图 5-13），一壶咖啡和一壶茶放于餐车一侧，一壶咖啡和一个冰桶放于餐车另一侧，壶嘴向内与餐车方向平行。水车内有一个塑料抽屉摆放备用杯子、咖啡伴侣、糖、纸巾等物品，水车下部还可摆放一些备用饮料。有时水车内也会摆放冰桶和一壶热水。

图 5-12　标准水格子摆放图
Fig 5-12　Standard cart container arrangement

图 5-13　水车摆放图
Fig 5-13　Drink cart arrangement

视频：水车摆放

实践演练

学生两两搭配进行水格子和水车的摆放练习。
要求：一名学生摆放后，另一名学生进行点评或纠正。

任务四 供餐服务
Task 4　Providing Meal Service

任务引导

在 90% 的航班中都会有供餐服务。通过本任务的学习,学生能够掌握供餐的规范要求和发餐技巧。

4.1 供餐时间　Meal Service Timing

知识链接

国内航线供餐时间及标准如下:起飞时间 6:30~8:30 提供早餐;起飞时间 11:30~13:30 提供午餐;起飞时间 17:30~19:30 提供晚餐。但不同航空公司之间存在差异,如表 5-1 所示。

表 5-1　某航空公司供餐情况
Table 5-1　Meal Service at an Airline

时间	供餐类型	注意事项
4:01~9:00	早餐	—
9:01~11:00	点心或午餐	—
11:01~14:00	午餐	—
14:01~16:00	点心或晚餐	—
16:01~20:00	晚餐	—
20:01~04:00	点心	—
两餐之间	快餐	在第一餐和第二餐之间

4.2 餐食服务规定　Meal Service Guidelines

知识链接

一、烘烤餐食　Heating Meal

（1）大部分食品需要高温加热，但热敏感度高的食品要降低加热温度，如鸡蛋类食品。

（2）需要加热温度相对高的食品放在烤箱的中间部分，上部温度其次，下部相对较低。

（3）一般把烘烤加热分为两次，先烤一半时间，检查加热效果，根据实际情况决定是否调整剩余加热时间。

（4）根据餐食冷冻情况和烤箱的工作状况调整烘烤的温度和时间（见表 5-2 和表 5-3）。

表 5-2　加热参考标准（1）
Table 5-2　Heating Reference Standard（1）

餐食种类	冷烤箱	加热时间/分钟	热烤箱	加热时间/分钟
肉类+蔬菜+米饭	高温	15~20	高温	15~18
海鲜类+蔬菜+米饭	高温	15~18	高温	15
早餐类、面条类	中温	15~18	中温	15
点心类	中温	15	中温	10
面包	高温	6~7	高温	5~6

表 5-3　加热参考标准（2）
Table 5-3　Heating Reference Standard（2）

食品	加热时间/分钟	加热温度/摄氏度	烹饪方式
粥	27	170	烘烤
	27	170	烘烤
	27	170	烘烤
米饭/面条	20	130	蒸
牛肉/羊肉	18	130	蒸
	7	170	烘烤
鸡肉	22	130	蒸
鱼/蔬菜	15	130	蒸
	5	130	蒸
早餐/烤肉	15	130	蒸
	5	170	烘烤
面包	6	170	烘烤

二、供餐规范　Service Guidance

提供餐饮服务时,应遵循以下几点要求。

(1) 先 ABC 侧后 DEF 侧(单通道),先里后外,先女士后男士,先身份高、后身份低的。逐一发放,避免出现漏发、错发的现象。

(2) 不能从旅客头部上方递送餐食,旁边旅客协助递送时需及时向旅客致谢。

(3) 主动协助旅客放下小桌板,再为旅客递送饮料和餐食。

(4) 旅客预订的特殊餐食需在餐饮服务前提供。

(5) 委婉提醒前排旅客调直座椅靠背,方便后排旅客用餐。并告知旅客在回收餐食后可以再次将座椅靠背放下。

(6) 为特殊旅客(老人、盲人等行动不便的旅客)提供餐食服务时,要征求旅客意见是否需要为其打开刀叉包。

(7) 提供正餐时,如果旅客表示不需要用餐,要确认旅客是否需要保留餐食。

(8) 提供餐食时应主动向旅客介绍餐食种类全称,根据旅客需求提供。

(9) 餐盒上的航徽标志和餐盒口应面对旅客。

(10) 对于正在睡觉的旅客,应粘贴温馨卡/休息卡,并记下其座位号,服务中随时关注,待其醒后,及时询问并第一时间送上所需餐食。

(11) 如有旅客在餐饮服务时提出其他的需求,要尽可能及时满足。如当时无法满足,为了避免遗忘,应该记录旅客的需求、座位号,并尽快满足其要求。

(12) 餐饮服务过程中,如遇旅客要用洗手间应及时让旅客通过,不能让旅客在通道处等待太长时间。如不能及时让开通道,应委婉向旅客解释。

(13) 托盘式餐食从餐车内拿取时,应从下往上逐层抽取;供餐前需将餐盘内的冷盘摆放整齐,刀叉、湿纸巾摆放在热食上以方便旅客取用。

(14) 盒式餐食,乘务员从上至下从餐车内将餐盒拿出,将餐盒摆放在旅客小桌板左侧、热食摆放在右侧;乘务员在为坐里侧的旅客提供时需将热食放在餐盒上一同提供,但为老人、儿童等特殊旅客提供时需将餐食摆放到位,需要提示旅客小心烫伤。

(15) 提供热面包时,应根据旅客的选择准备好餐盘,用面包夹将面包放入餐盘,再把餐盘提供给旅客,避免旅客自取,可酌量为旅客添加面包。

(16) 优先提供特殊餐食。

视频:餐食发放

知识拓展

餐食种类及餐别的缩写如下。
早餐 breakfast BRF 午餐 lunch LCH
晚餐/正餐 dinner DNR 快餐 snack SNX
点心 refreshment REF 夜宵 supper SPR

4.3 收餐 Meal Collection

知识链接

进行收餐时，有以下几点需要注意。

(1) 在发放正餐的航段中，应使用空餐车作为垃圾车。

(2) 在垃圾车的台面上要摆放一个大托盘/空抽屉、干湿纸巾、小毛巾、清洁袋等。

(3) 收餐顺序遵循"先发放先收取"的原则。

(4) 收餐时，餐盒不能从旅客头顶上方通过，禁止在餐车上挤压餐盒。回收时，应礼貌性地征得旅客同意后回收，动作迅速、谨慎。

(5) 如果旅客主动递交，乘务员应表示感谢。对于还未用完餐饮的旅客可让其慢慢享用，但必须记住及时回收。

(6) 收餐动作要迅速而不急躁，防止回收物品泼洒溅漏。

(7) 收餐时，如旅客有其他需求，乘务员需立即满足，如不能立即满足应耐心向旅客解释，记下座位号，尽快为旅客提供服务。

(8) 回收杯子，托盘中杯子摆放不宜超过5个，空抽屉中杯子摆放不宜超过10个。

(9) 收回的餐盘应从餐车的上部开始逐层向下插放。

(10) 将回收的餐盒整理整齐(在餐车上部整理时，摆放不得超过3个)，从餐车的下层开始，逐层摆放，整齐稳妥地放在餐车里。

(11) 携带湿毛巾及时为旅客擦拭小桌板上的污渍。

收餐时的服务用语如下。

(1) 您好先生/女士，请问今天的餐食如何？

Sir/Madame, how is your meal today?

(2) 您对今天的餐食满意吗？

Are you satisfied with the meal today?

(3) 您用完餐了吗？我是否可以收餐盘/餐盒？

Have you finished the meal? May I collect the meal tray/box?

(4) 您还需要喝点什么吗？

May I offer you some more drink?

(5) 非常感谢您对餐食的宝贵意见，我会报告乘务长，反馈给餐食质量控制部门。

Thank you for your suggestion, I will report it to the purser and meal quality control department.

(6) 再次因餐食种类短缺向您表示道歉，感谢您的谅解。

I'd like to apologize for the shortage of meal choices again, thank you so much for your understanding.

(7) 您好先生 / 女士，可否麻烦您递一下餐盘 / 盒？
Sir/Madame, may I trouble you to pass the meal tray/box to me ?

实践演练

5 名学生扮演一乘务组，其余学生扮演乘客，轮流进行餐车摆放、发餐、收餐的流程。

4.4 特殊餐食 Special Meals

知识链接

特殊餐是指由于旅客的宗教信仰、健康需求等特殊原因而要求航空公司在其乘机时提供适合其特殊要求的餐食。

一、特殊餐的预订 Special Meal Booking

（1）旅客应至少在起飞前 24 小时向售票网站或售票电话提出预订申请。
（2）每名旅客限订一份特殊餐。
（3）犹太教餐要求提前 48 小时预订，不同航空公司根据出发地不同可能无法提供部分特殊餐食。
（4）如遇旅客在机上临时提出特殊餐需求，应利用机上现有资源为其配备一份合适的餐食，并提示旅客下次乘机前可提前预订特殊餐。

二、特殊餐的种类 Special Meal Categories

（1）素食者可因宗教信仰，医疗或其他个人原因选择素食。素食口味有很大的不同。如有些绝对素食者，不吃任何动物类食品，包括牛奶制品、蛋类。而有些素食者又可以接受牛奶和蛋类制品，有的甚至可以吃鱼、海产品。

素食餐主要包括：印度素食餐（AVML）、东方素食餐（VOML）、严格素食餐（VGML）、耆那教素食餐（VJML）、西式蛋奶素餐（VLML）、鲜果鲜蔬餐（RVML）。

（2）因宗教信仰需要的特殊餐有：印度教餐（HNML）、穆斯林餐（MOML）、犹太教餐（KSML）、耆那教素食餐（VJML）。

（3）因健康需求预订的特殊餐主要有：低钠餐（LSML）、糖尿病餐（DBML）、无谷蛋白餐（GFML）、无乳糖餐（NLML）、温和餐（BLML）。

（4）其他特殊餐包括：海鲜餐（SFML）、婴儿餐（BBML）、儿童餐（CHML）、水果餐（FPML）。

三、特殊餐的服务　Providing Special Meal

视频：特殊餐知识

视频：特殊餐发放规范

（1）乘务员应在起飞前清点验收特殊餐的数量、种类，确认旅客座位，并与地面人员交接。

（2）特殊餐应优先于正常餐提供。

（3）乘务员应根据舱单上所列特殊餐食旅客座位信息发放餐食。向乘客确认身份及餐食种类，确保发放无误，并及时向有关部门反馈意见建议。

知识拓展

犹太餐（见图5-14）因烹制方式特殊，需要旅客提前48小时预订。犹太餐适合遵循犹太教信仰的旅客。餐食根据犹太教律法及饮食习惯来选择肉源、烹制并提供；食材来源需经过专业认证。

图5-14　犹太餐

Fig 5-14　Kosher meal

犹太餐有以下几个特点。

（1）乘务员在接收犹太餐食时，要检查餐食上贴有犹太教监制的洁食认证标签，且标签及餐食包装完好。

（2）在备餐时不可打开餐食的包装，不可损坏餐食上犹太教监制的洁食认证标签。

（3）航前需认真与旅客确认餐食情况，由于特殊餐食烘烤的时间会与普通餐食烘烤的时间不一致，乘务员在备餐时注意在烤箱中预留出烘烤特殊餐食的位置。

（4）冷食部分可直接提供给旅客。热食部分在烘烤前需要提供给旅客检查包装，并在得到旅客的允许后方可进行烘烤，烘烤后将完整包装的热食提供给旅客。

实践演练

由5名学生扮演乘务组，其余学生扮演旅客，进行特殊餐服务。

任务五　酒　水　服　务
Task 5　Beverage Service

> **任务引导**

通过本任务的学习,学生能够按照酒水服务的规范开展模拟酒水服务。

5.1　拿、递送技巧　Service Gesture

> **知识链接**

餐饮服务前需清洁手部,如有需要则穿上围裙、戴上一次性手套。

(1) 拿　take

拿水杯、瓶装饮料时,要拿水杯、瓶装饮料的下 1/3 处,手切勿触碰水杯口和饮料瓶口。

(2) 倒　pour

使用饮料瓶斟饮时,瓶盖应向上置于餐车上,避免手部直接接触盖口;斟倒饮品时,饮料瓶口、咖啡壶/茶壶口不得触碰杯口;根据饮品特点、飞行天气状况、旅客个体情况斟倒适量饮品。

(3) 捡　pick up

如出现物品不小心掉在客舱地面的情况,应采取标准蹲姿捡取物品;注意卫生,掉落地面的餐食不得再供应给旅客,餐食服务用品也应送回厨房清洁后再使用;碳酸饮料掉落,乘务员应互相提醒并避免在该次航班再使用,以防开启时泡沫飞溅。

(4) 递送　pass

乘务员为(面对机头方向)右侧的旅客服务应用左手递送;为左侧旅客服务时则用右手。

为旅客递送餐食、物品时,应确保尽可能将餐食、物品降低高度至旅客视平线以下,并避免餐食、物品过于贴近旅客头面部。

乘务员应将餐食、物品轻放于桌面,如有旅客主动接拿餐食、物品,应提醒旅客注意拿稳,并缓慢松开手,确保无误方可完全松手。

5.2 饮料知识　Inflight Beverage Knowledge

知识链接

飞机上的饮料可分为咖啡、茶水、果汁、碳酸饮料。

一、咖啡　Coffee

(1) 普通航线一般提供三合一咖啡。

(2) 一袋三合一咖啡冲泡一壶咖啡，冲泡前先用少量开水将咖啡完全溶解，然后注入约 2/3 壶热水，最后再兑入约 1/3 壶矿泉水。

(3) 咖啡不宜加得过满，以防止洒在旅客身上。

(4) 咖啡壶口应始终对着客舱通道。

二、茶水　Tea

(1) 普通航线头等舱一般提供绿茶、红茶、普洱茶；经济舱提供茉莉花茶。

(2) 将三袋茶包放入壶中，加入约 2/3 壶热水，然后再兑入约 1/3 壶矿泉水，三袋茶可以冲泡两壶茶水。

(3) 茶水不宜加得过满，以防止洒在旅客身上。

(4) 茶水壶口应始终对着客舱通道。

三、果汁　Juice

(1) 飞机上常配的果汁有橙汁（orange juice）、椰汁（coconut juice）、芒果汁（mango juice）、菠萝汁（pineapple juice）等。

(2) 应提前在服务间将果汁打开，开启的果汁不宜留存时间过长。

(3) 果汁开筒前要摇晃，并擦拭干净果汁筒的顶部。

(4) 乘务员为旅客递送饮料前，应主动询问其是否需要加冰。

四、碳酸饮料　Carbonated Drink

(1) 碳酸饮料主要有可乐（coke）、雪碧（sprite）、七喜（7up）。

(2) 注意打开前不要摇晃，以防气泡外溢。

(3) 不要过早打开，以免失去原味。

(4) 在客舱中借助小毛巾打开，以防气泡外溢。

(5) 倒饮料时杯子倾斜 45 度角，将杯子和听装饮料同时提供给旅客。

(6) 不主动向婴幼儿、神经衰弱的旅客提供可乐。

五、酒类　Alcohol Drink

(1) 啤酒冷藏后再提供，可作为饮料全程提供。
(2) 啤酒开启前不要摇晃，以防气泡外溢。
(3) 倒啤酒时杯子倾斜 45 度角，将杯子和听装饮料同时提供给旅客。
(4) 葡萄酒一般在正餐（午餐、晚餐）服务时提供。
(5) 红葡萄酒的饮用适宜温度为 16~18 摄氏度；白葡萄酒的饮用适宜温度为 10~12 摄氏度。
(6) 开启瓶塞时，酒钻不要穿透瓶塞，否则会使软木屑掉入酒液中。
(7) 红葡萄酒倒 1/3 杯，白葡萄酒倒 2/3 杯。

5.3　服务方法　Drink Service Guidance

知识链接

(1) 所有饮料倒至水杯七成满，遇到飞机轻度颠簸，冷饮倒至水杯五成满，暂不提供热饮。
Sir/Madam, I'm sorry that we will not provide hot drink due to the turbulence.
(2) 乘务员为旅客提供饮料时，首先介绍饮料品种，饮料标签完整并面向旅客，瓶与瓶之间要稍有空隙，每种饮料各摆放一些，不同饮料错开摆放，以便取用。
(3) 提供冷饮时，主动询问旅客是否加冰块。如需要，则先在杯中加冰块再倒饮料。
Sir/Madam, do you need ice for the drink？
(4) 提供饮料时，乘务员要确认旅客接稳后方可放手，并要有语言提示，例如，"请您慢用""请您拿好"等。
Sir/Madam, please take your drink and enjoy.
(5) 提供热饮时要提示旅客："小心烫手"。
Sir/Madam, be careful it's hot.
(6) 如儿童需要热饮，需询问儿童的监护人是否同意提供。如可以提供，需将热饮递给其监护人。
(7) 添加饮料时，根据实际情况为旅客更换水杯。如旅客没有更换要求则无需为其更换。
(8) 不可以从旅客头顶上方递送饮料。
(9) 收回饮料杯时应遵循从前往后、先外后里的原则。
(10) 使用托盘收杯子时，摆放不宜超过 5 个杯子。

实践演练

由 5 名学生扮演一个乘务组，其余学生扮演旅客，组内轮流进行饮料服务。

要求：扮演旅客的学生要对乘务组进行观察、点评及纠正，使用规范的服务用语和服务方法。

知识拓展

酒的知识 Alcoholic Drinks Knowledge

一、酒的分类　Wine Categories

(1) 按酒的酿造方法分类：蒸馏酒、酿造酒、配制酒。

(2) 按酒精含量分类：高度酒(酒精浓度 >40 度)、中度酒(酒精浓度为 20~40 度)、低度酒(酒精浓度 <20 度)。

(3) 按酒的用料特点分类：白酒、果酒、啤酒、黄酒、药酒等。

(4) 按配餐方式分类：开胃酒、佐餐酒、餐后酒。

二、葡萄酒　Grape Wine

葡萄酒是用新鲜的葡萄或葡萄汁经发酵酿成的酒精饮料。根据国际葡萄酒组织的规定，葡萄酒只能是破碎或未破碎的新鲜葡萄果实或汁完全或部分酒精发酵后获得的饮料，其酒精度数不能低于 8.5%。

(1) 葡萄酒的产地主要集中在欧洲，包括法国、德国、意大利、葡萄牙、西班牙等国。

(2) 按照酒的颜色，葡萄酒分为红葡萄酒(red wine)、白葡萄酒(white wine)、玫瑰红葡萄酒(rose wine)三大类。

(3) 按照葡萄酒的饮用时间，分为餐前葡萄酒(appetizer wine)、佐餐葡萄酒(table wine)、餐后葡萄酒(dessert wine)。

三、鸡尾酒　Cocktails

鸡尾酒是由基本成分(基酒，base)、添加成分、香料、添色剂及特别调味用品，按一定分量配制，并以一定装饰物点缀而成的酒精饮料，其酒味温和，酒精度适中，一般为 10~20 度。

(1) 鸡尾酒六大基酒为：金酒(Gin)、伏特加(Vodka)、兰姆酒(Rum)、龙舌兰(Tequila)、威士忌(Whisky)、白兰地(Brandy)。

(2) 中式鸡尾酒一般以茅台酒、汾酒、五粮液、竹叶青等高度酒作为基酒。

任务六 服 务 流 程
Task 6　Service Flow

任务引导

各大航空公司服务流程各有不同,顺序却基本相似。本任务中的服务流程旨在让每位学生都能掌握餐饮服务中的服务技能。通过学习本任务,学生能够掌握基本的服务流程顺序,团队合作完成完整的餐饮服务过程。

知识链接

一、准备工作　Meals Service Preparation

一般由负责厨房的乘务员提前将餐食放入烤箱,加热后准备餐车以及水车。乘务长做餐饮服务广播时,乘务员应将餐车推拉到经济舱第一排准备开始供餐服务。

二、服务流程　Service Flow

本服务流程适用于6人乘务小组,1号为乘务长,2号为头等舱乘务员,3至6号为经济舱乘务员。

（一）正餐航班流程

（1）4号、6号乘务员准备水车,由5号乘务员准备餐食,由1号乘务员进行餐饮服务广播。

（2）由2号、3号乘务员进行餐前饮料服务。

（3）由4号乘务员用大托盘收杯子,由3号乘务员进行特殊餐服务。

（4）由2号、5号乘务员将餐车推至前舱,由1号、5号乘务员进行餐食服务,由2号乘务员负责前舱出口管理和航线介绍广播。

（5）由4号、6号乘务员进行餐中饮料服务。

（6）由3号、5号乘务员收餐。

（7）由5号、6号乘务员整理厨房、餐车,由4号乘务员整理水车,由3号乘务员进行大托盘收垃圾服务。

（二）点心餐航班流程

（1）由4号和6号乘务员准备饮料车,由5号乘务员准备餐车,由1号乘务员做餐饮广播。

（2）由2号、3号乘务员送餐食。

(3) 由 5 号、6 号乘务员送饮料。

(4) 由 2 号、4 号乘务员推餐车到前舱,由 1 号、4 号乘务员收餐,由 2 号乘务员负责前舱出口管理和航线介绍广播。

(5) 由 5 号、6 号乘务员整理厨房和餐车,由 4 号乘务员整理水车,由 3 号乘务员用大托盘收垃圾。

注:本服务流程中的号位工作可因人数做适当调整,确保前舱门区域有专人守护,每一位乘务员均参与对客服务。

三、相关术语　Terminologies

回收(collection):将机上剩余的供应品等清点后放入规定的餐箱、餐车内,并填好回收单的工作过程。

巡视客舱(patrolling):乘务员在客舱走动,观察旅客的需求、安全状况,处理特殊情况,提供及时、周到的服务行为。

学 习 小 结

客舱优质餐饮服务体现在乘务员丰富多样的餐饮知识及规范优雅的服务动作中,这要求我们对餐饮知识、服务流程要熟练掌握,服务动作要训练有素。看似平常的一问一答,简单重复的端拿递送,无一不反映出乘务员对于卓越精致服务的追求。

课　　业

由 5 名学生组成乘务组,由乘务长带领,其余学生扮演乘客,开始进行餐饮服务模拟,其中每组练习一类特殊餐食的处理。

模块六 特殊旅客服务
Module 6 Special Passengers Handling

○ **学习目标**

- 知识目标

1. 熟悉特殊旅客的分类及特点。
2. 了解特殊旅客的承运条件及服务要求。
3. 了解特殊旅客的代码简称。

- 能力目标

1. 掌握贵宾、要客的服务程序。
2. 掌握无陪儿童、孕妇、老人的服务程序。
3. 掌握残障旅客的服务程序。
4. 掌握其他特殊旅客的服务程序。

- 素养目标

提高为特殊旅客服务的意识。

视频：特殊旅客服务

任务一　贵宾和要客服务
Task 1　VIP and CIP Service

任务引导

民航重要旅客服务是民航服务的重要组成部分，是航空公司高度重视的服务内容。重要旅客的满意度和忠诚度不仅关系到民航行业形象，更是航空公司可持续发展的重要保障。因此，做好重要旅客服务，不仅是提升民航服务品质的需要，更是航空公司发展的动力。本任务分别介绍了重要旅客的概念、重要旅客的分类，以及重要旅客的服务要点，学生通过对该任务的学习能够对重要旅客的概念有所了解并掌握相关的服务要点。

重要旅客服务　VIP Passenger Service

情境案例

某次航班，乘务员小 K 在迎接旅客时就认出了一名特殊旅客——当地的省长、今天航班上的 VIP。小 K 觉得能为他服务十分荣幸，全程服务非常热情、积极，一直当着其他旅客的面给予各种特殊照顾，甚至在该旅客休息的间隙，询问是否能签名、合照留纪念，乘务长见状立刻制止了小 K 的举动，并对小 K 并进行了教育指导。小 K 觉得非常委屈。

Crew K is happily recognizing the VIP passenger—governor of a province during boarding and she feels honored to serve him with warmth. She gives extra service in front of other first-class passengers. During rest time, she asks the VIP passenger for a signature and photo together while stopped by the purser. She is upset when tutored by the chief purser…

• 思考

1. 本案例中，乘务长为何制止了小 K 的行为？
In this case, why the purser stops K？
2. 乘务长应该在服务重要旅客的工作上对乘务员做哪些提醒？
What should purser remind crew when serve VIP？
3. 重要旅客服务的要点有哪些？
What are the guidelines when serving a VIP？

> >>>>>>>>> 模块六　特殊旅客服务

知识链接

重要旅客的满意度对航空公司的社会声誉非常重要,会产生相当大的社会效应。这些旅客是航空运输保证的重点,认真地做好重要旅客的运输服务工作是民航运输服务工作中的一项重要任务。因此,机上乘务员需要为重要旅客提供高质量、高标准的服务。

一、重要旅客的概念　The Concept of VIP

重要旅客是指那些因身份、职务重要或知名度高,乘坐飞机时需要给予特别礼遇和照顾的旅客。

二、重要旅客的分类　Categories of VIP

1. 重要旅客　Very Important Person(VIP)

(1) 我国党和国家领导人。

(2) 外国国家元首和政府首脑。

(3) 省、部级(含副职)及以上的负责人。

(4) 军队在职少将以上的负责人。

(5) 公使、大使级外交使节。

(6) 由各部委以上单位或我国驻外使领馆提出要求按重要旅客接待的旅客。

2. 工商界重要旅客　Commercially Important Person(CIP)

(1) 工商界、金融界重要的、有影响的人士。

(2) 国内知名企业主要领导等。

视频:重要旅客服务

三、重要旅客服务要点　VIP Service Guidelines

重要旅客服务要点如下。

(1) 原则上重要旅客可最后登机、最先下机。

(2) 乘务组要查询重要旅客名单,了解其身份、地位、姓名、饮食习惯等,根据掌握的情况研究具体服务方案。

(3) 对重要旅客必须提供尊称和姓氏服务,但应尊重重要旅客本人隐蔽之意愿,不宜在其他旅客面前暴露其身份。

(4) 登机时,乘务员应主动将重要旅客引导至座位,帮助安排行李。

(5) 乘务员要加强客舱巡视,及时告知重要旅客有关信息,如预计到达时间、目的地机场天气等,满足重要旅客的服务要求。

(6) 优先为重要旅客提供餐饮和免税品(国际航线)服务。

(7) 乘务员应安排重要旅客及随行人员优先下机,并与地面服务人员做好交接工作。

(8) 有重要旅客乘坐的航班,不得押送犯罪嫌疑人、精神病患者及装载危险品,一般也不应安排担架旅客或其他危重病人乘坐该航班。

实践演练

由5名学生组成乘务组,其余学生扮演普通旅客和重要旅客,在模拟舱内模拟为重要旅客服务,注意服务要点及服务语言。

问题思考:

有位重要旅客订的是头等舱,而他的随从人员在经济舱就座,在头等舱有空余座位的情况下,重要旅客要求他的随从人员坐到头等舱来,请问是否可行?如果你作为当天负责服务他的乘务员,会怎么做?

任务二 无成人陪伴儿童、孕妇、老人服务
Task 2　UM, Expectant Mother, Elderly Passengers Service

任务引导

无成人陪伴儿童(unaccompanied minor, UM)、孕妇以及老年人都是需要专门照顾的特殊旅客,在为他们服务时必须考虑到他们的特殊情况,根据他们的特点针对性地提供特殊服务。本任务分为三部分,第一部分介绍了无成人陪伴儿童的定义、运输条件和服务要点,第二部分介绍了孕妇的运输条件及服务要点,第三部分介绍了老年旅客的定义及服务要点。通过对该任务的学习,学生能够对这三类特殊旅客的概念有所了解并掌握相关的服务要点。

2.1　无成人陪伴儿童服务　UM Passenger Service

情境案例

7岁的倩倩第一次单独坐飞机从北京去香港。虽然只是3小时的航程,但陌生的环境、狭小的机舱让她感到非常害怕,飞行全程她不愿意跟乘务员做任何交流,乘务员见她不吵不闹也就没有过多关注。最终倩倩虽然平安地到达了香港,但却向父母表示今后再也不愿意一个人坐飞机。

7-year-old Qianqian flew alone from Beijing to Hong Kong for the first time.It's only 3-hour trip, but the unfamiliar environment and the small cabin made her very afraid. She was unwilling to talk with crew and thus the crew didn't make extra efforts to serve her. Although she arrived safely in Hong Kong, she told parents that she won't fly alone again.

● 思考

1. 无成人陪伴儿童的特点是什么？
What are the characteristics of UM？
2. 乘务员在服务无成人陪伴儿童的时候应该注意哪些事项？
What are the guidelines when serving UM？
3. 如何为倩倩提供完美的飞行服务？
How to provide perfect inflight service for Qianqian？

知识链接

儿童的特点是活泼好动，好奇心强，判断能力差，做事不计后果，在高空环境中他们会感到恐惧和害怕，在陌生环境中他们会感到孤独和寂寞，在服务的时候要充分考虑到他们的特殊情况。

视频：无成人陪伴儿童服务

一、无成人陪伴儿童的定义　Concept of UM

无成人陪伴儿童是年龄满5周岁但不满12周岁，没有年满18周岁且有民事行为能力的成人陪伴乘机的儿童。

二、无成人陪伴儿童的运输条件　Travel Restrictions for UM

（1）允许在非转机航班上独自旅行。
（2）允许在非备降或预计非天气原因改程或直飞目的地的航班上独自旅行。
（3）座位必须已经确认。
（4）无成人陪伴儿童的座位不应位于紧急出口或应急窗口旁，应安排在方便乘务员照顾的座位上。
（5）应由成年人陪伴直至登机为止；必须佩带装有在到达站机场指定接儿童的成人姓名、地址的相关交接单据和有效证件的资料袋，且资料袋上必须有清晰的"UM"标志。
（6）每个航班按机型限定可接收的无成人陪伴儿童人数。

三、无成人陪伴儿童服务要点　UM Service Guidelines

（一）登机阶段　Boarding Stage

（1）乘务长与地服人员做好交接工作，同时有多个无成人陪伴儿童时，应逐一确认无成人陪伴儿童交接单上的信息，妥善保管好无成人陪伴儿童的随身行李、登机牌、个人证件等。

（2）由乘务长指派专人引导无成人陪伴儿童就座，如有空位，可调至离服务间较近的位置就座，便于乘务员随时照顾。

（3）乘务员单独为无成人陪伴儿童介绍安全带的系法和解法、呼唤铃的位置。起飞前安检时查看无成人陪伴儿童的安全带松紧度是否适中。

（二）空中阶段　Inflight Stage

1. 餐饮服务　Meal and Beverage Service

（1）提供饮料时，水杯不宜过满，热饮、热食温度适中。主动为无成人陪伴儿童打开餐盒及刀叉包，介绍餐盒里的食物种类和名称。

（2）用餐时，提醒无成人陪伴儿童注意小桌板上的饮料，尤其是热饮及热食盒，以避免弄脏衣物或意外烫伤。

（3）及时收回用完的餐盒，多向无成人陪伴儿童提供一些餐巾纸或湿纸巾备用。

2. 巡舱期间　Cruising Stage

（1）为无成人陪伴儿童提供玩具、儿童图书、扑克牌、象棋、跳棋等文化娱乐用品。

（2）全程关注无成人陪伴儿童的状态，如发现不适及时询问，根据客舱温度随时为其增减衣物。

（3）主动询问无成人陪伴儿童是否需要上洗手间，由乘务员亲自带领前往和带回。

（三）下降阶段　Descending Stage

（1）当飞机开始下降时，叫醒正在睡觉的无成人陪伴儿童，向其提供小瓶矿泉水或小吃，防止压耳。

（2）落地前，帮无成人陪伴儿童整理好随身物品，特别要确认证件、行李牌等已装好。

（3）如目的地与机舱温差较大，协助无成人陪伴儿童提前更换衣服，叮嘱其落地后不要自行下机，等待乘务员的引领。

（4）为无成人陪伴儿童填写无人陪伴卡，使其目的地监护人了解旅途中的情况。

（四）落地后　After Landing

（1）到达目的地后，协助无成人陪伴儿童整理行李，带领其下飞机。

（2）乘务长与地面人员做好交接工作。

（3）乘坐经停航班时，无成人陪伴儿童过站时不下飞机，乘务组安排专人照顾。

（4）如遇航班延误、取消等特殊情况，及时与无成人陪伴儿童交接单上的亲属取得联系，详细说明航班情况。

知识拓展

（1）儿童旅客（child）是指年龄在2周岁以上（含）、12周岁以下（含）的旅客。其中2~4周岁的儿童称为幼儿，乘机时应有同舱位的成年旅客陪伴且不得坐于应急出口座位。

（2）婴儿旅客（infant）是指出生14天至2周岁以下的婴儿。婴儿应由年满18周岁、具有完全民事行为能力的成年人陪伴乘机,婴儿不单独占用座位,携带婴儿的旅客优先登机。出生不足14天的新生婴儿、出生不足90天的早产婴儿,不能乘机出行。

每一个成年人只能携带一个持正常票价10%客票的婴儿,超过数量的婴儿应购买儿童客票,并单独占座。婴儿旅客可免费托运1件10公斤的行李,另可携带一件全折叠式婴儿车或婴儿摇篮。当婴儿车的尺寸超过20厘米×40厘米×55厘米,且重量超过5千克时,必须作为托运行李运输。

机上有专用婴儿安全带,适用于2岁及2岁以下、不适宜使用婴儿摇篮、没有单独座位且不能独自就座的婴幼儿。乘务员应主动向怀抱婴儿的旅客介绍婴儿安全带,若旅客需要,可为其提供。

实践演练

由5名学生组成乘务组,其余学生扮演普通旅客和无成人陪伴儿童,在模拟舱内模拟为无成人陪伴儿童服务。注意,要根据无成人陪伴儿童的特点在不同的飞行阶段给出相应的特殊服务。

问题思考:

儿童对一切都充满着好奇,如果在服务过程中,有无成人陪伴的儿童向你提出要去驾驶舱看飞行员驾驶飞机时,该如何应对?

2.2　孕妇服务　Expectant Mother Service

情境案例

一位孕妇旅客单独乘机飞行,在飞行过程中表示身体不适,没有胃口,吃不下饭,还想呕吐,作为当天的乘务员,你将如何开展工作?

An expectant mother travels alone, she feels unwell, loss of appetite, and feel like vomiting, what should you do as a cabin crew ?

• 思考

1. 孕妇旅客在飞行途中会有哪些需求?

What might the expectant mother need ?

2. 乘务员应该如何应对孕妇旅客的各种突发情况?

What should cabin crew deal with various emergencies of expectant mother ?

> 知识链接

由于飞机在空中可能遇到气流而产生颠簸，尤其在起降过程中，飞机颠簸尤为剧烈，对正常人一般无碍，但对于孕妇来说却相当危险。另外，飞机客舱是一个氧气和气压相对稀薄的密封空间，孕妇乘坐飞机可能会产生不适症状，尤其对健康状况不稳定的孕妇来说更加危险。因此，各个航空公司都对孕妇乘坐飞机制定了一些运输规定，孕妇乘坐飞机只有符合运输规定的孕妇，航空公司才允许其乘机的要求。

一、孕妇旅客的运输条件　Travel Restrictions for Expectant Mother

（1）怀孕不足 32 周的健康孕妇，除医生诊断不适宜乘机外，航空公司可按照普通旅客接收。但是乘客需要带好产期证明，证明自己孕期在 32 周以内。

（2）怀孕超过 32 周（含 32 周）但不超过 36 周的健康孕妇，如有特殊情况需要乘机，必须提供县级以上医疗单位出具的有"适宜乘机"字样的诊断证明书，且须注明截止日期，方可乘机。诊断证明书需要包含乘客的姓名、年龄、怀孕时间、预产期、是否适宜乘机等。诊断证明书应在乘机前按照航空公司要求的时间内开具。须在购票前向航空公司提出申请。

（3）怀孕超过 36 周（含 36 周）的孕妇，航空公司不予承运。

（4）预产期临近且无法确定准确生产日期，已知为多胞胎或预计有分娩并发症的孕妇，航空公司不予承运。

（5）产后不足 7 天的旅客，航空公司不予承运。

二、孕妇旅客的服务要点　Service Guidelines for Expectant Mother

（一）登机阶段　Boarding Stage

（1）孕妇登机时，乘务员要主动帮助提拿、安放随身携带物品，主动为旅客调节通风口。

（2）提供毛毯或枕头垫在孕妇的小腹下，介绍呼唤铃的位置及系安全带的方法，协助其系在大腿根部（见图 6-1）。

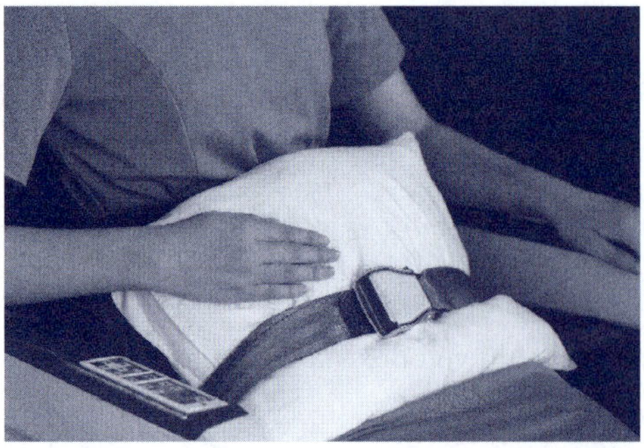

（3）主动询问孕妇的身体状况，如有不适，可为孕妇多提供几个清洁袋和小瓶矿泉水，以及满足孕妇的其他需求，尽量让其感觉舒适。

（4）视情况为其调换至距离洗手间稍近的位置就座。

图 6-1　孕妇系安全带
Fig 6-1　Fasten seatbelt for the pregnant

（二）空中阶段　Inflight Stage

1. 餐饮服务　Meal and Beverage Service

（1）根据孕妇的喜好推荐适合其口味的饮料和食品，以果汁类和温水为宜。

（2）孕妇如需加餐应优先提供。

(3) 如孕妇需要额外的辣椒酱或咸菜等,应根据实际配备情况尽量满足。

2. 巡舱期间　Cruising Stage

(1) 随时关注孕妇的乘机状态,如发现有不适的现象,主动询问是否需要帮助。

(2) 飞行中,如孕妇需要从行李架上取拿物品,乘务员要主动给予协助。

(3) 当洗手间排队人数较多时,可征询其他旅客的意见,让孕妇优先使用,并对给予配合的旅客表示感谢。

(三) 下降阶段　Descending Stage

(1) 协助孕妇提前整理好随身物品。

(2) 安检时,注意查看孕妇安全带的松紧程度和系的位置是否正确。

(四) 落地后　After Landing

(1) 下机时,协助孕妇提拿行李,送至舱门口与地服工作人员交接。

(2) 对于乘坐经停航班的孕妇,可征求其意见后决定是否下机休息。允许孕妇在非转机航班上独自旅行。

知识拓展

孕妇突然临产的时候,如果没有医护人员,也没办法及时送往医院,要学会正确的处理方法,以保障母婴的安全和健康。毫无准备情况下的突然分娩必将会让产妇惊慌失措,不知如何是好。乘务员有责任帮助产妇分娩。

乘务员应采取如下应对措施。

(1) 广播找医生,尽量寻求专业人员的帮助。

(2) 乘务人员应保持冷静,协助医生准备接生用品。

(3) 乘务人员协助医护人员接生婴儿、持续安抚产妇,并且注意周围环境的消毒与清洁,避免引发感染。

(4) 记录婴儿的出生时间。

(5) 在分娩过程中记录各种情况,报告机长与地面,与公司联系、交接并进行备案。

实践演练

由 5 名学生组成乘务组,其余学生扮演普通旅客和孕妇旅客,根据不同的飞行阶段给孕妇提供特殊服务,可以设置各种突发情况,检验学生的知识运用能力以及随机应变能力。

问题思考:

如果孕妇在飞机上长时间占用洗手间导致旅客在客舱过道排起长长的队伍,如何才能既顾及孕妇的需求又考虑到其他旅客的利益,完美地解决问题?

2.3 老年旅客服务　Elderly Passengers Service

情境案例

飞机上来了一批夕阳红旅行团旅客，老人家们抑制不住内心的激动，一路高声聊天，兴奋地到处拍照，甚至拿出了出游必备的瓜子和扑克牌在客舱内吃吃喝喝，玩得不亦乐乎。作为当天的乘务员，如何在照顾好这批老年旅客的同时又能顾及其他旅客的感受呢？

A group of elderly passengers are travelling together, they are very excited, talking loudly, taking photos, and having sunflower seeds while play card. How to balance the feelings of the elderly passengers and other passengers in the cabin?

• 思考

1. 老年旅客有哪些特点？
What are the characteristics of elderly passengers?
2. 为老年旅客服务的重点和难点是什么？
What are the guidelines when serving elderly passengers?

知识链接

视频：老年旅客服务

一、老年旅客的定义　Definition of the Elderly

老年旅客是指年龄在70周岁以上（含70周岁）年迈体弱，在航空旅行中需要他人帮助的旅客。

年龄超过70周岁，身体虚弱，需要轮椅代步的老年旅客，应视同残障旅客给予适当的照料。

二、老年旅客的特点　Features of Elderly Passengers

（1）行动迟缓。大部分老年旅客由于身体各方面机能的退化，行动缓慢，有的需要靠拐杖甚至轮椅才能出行。

（2）身体虚弱。老年旅客常常会出现肢体畏寒、脾胃虚弱、视听功能减弱的情况，有的还患有各种疾病，特别是处于陌生环境时，会加剧内心的忧虑，出现头晕、心慌、无力等现象。

（3）害怕寂寞。有的老年旅客有一种自卑感，怕成为别人的包袱，害怕寂寞，希望有人多陪伴，却又不好意思说出口。

但我们也应该认识到，随着社会的发展，越来越多的老年旅客身体健康状况良好。越来越多的老年旅客尽管视力不佳、听力不佳,但却精神矍铄,思维敏捷。并不是所有老年旅客都缺乏乘机或旅行经验。乘务员在服务时不仅应耐心、热情、周到,更应表现出恰到好处的尊重。

三、老年旅客的服务要点　Key Points for Serving Elderly Passengers

(一)登机阶段　Boarding Stage

(1) 年老及身体较弱的旅客登机时,乘务员需主动上前协助提拿行李,搀扶就座。

(2) 老年人携带的拐杖／手杖应放在:

① 纵向沿机身客舱壁板(非应急出口)的窗口座位下。

② 许可的储藏空间内,如衣帽间。

(3) 通常老年旅客腿脚部怕冷,乘务员应主动为旅客提供毛毯,帮助盖毛毯时注意盖上脚、腿或适当垫高下肢。

(4) 由于老年人听力较差,经常听不清楚机上广播,乘务员应主知告诉旅客飞行时间,介绍安全带的系法和解法、呼唤铃和洗手间的位置、其他客舱服务设备。

(5) 起飞前安检时,乘务员应特别注意老年旅客的安全带是否扣好,并主动协助其调节松紧度(见图 6-2)。

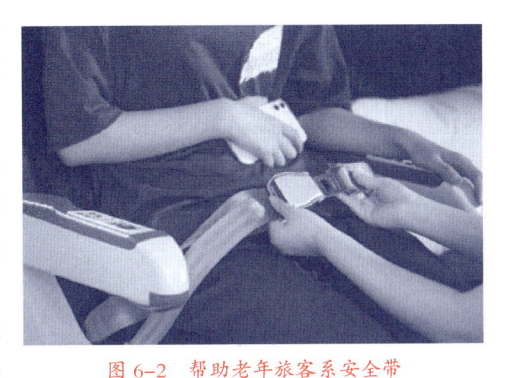

图 6-2　帮助老年旅客系安全带
Fig 6-2　Help elderly passengers with seat belts

(二)空中阶段　Inflight Stage

1. 餐饮服务　Meal and Beverage Service

(1) 为老年人提供饮料时,应适当提高音量,放缓语速,主动介绍饮料品种,提醒旅客哪种饮料含糖分。老年旅客需要橙汁时,应主动提醒旅客橙汁微酸。

(2) 老年旅客在用餐时,主动为其打开餐盒及刀叉包。

2. 巡舱期间　Cruising Stage

(1) 平飞过程中,乘务员应主动对老年旅客问寒问暖,在工作空余时与独自乘机的老年旅客适当交谈,以消除其孤独感。

(2) 如老年旅客需要用洗手间应及时满足,帮助其放好马桶垫纸。对于行动不便的老年旅客,应主动搀扶如厕,并在门外等候,协助其回到座位。

(3) 主动帮助没带老花镜的老年旅客填写意见卡等。

(三)下降阶段　Descending Stage

(1) 下降安检时,应特别注意老年旅客的安全带是否扣好,主动协助其调节至合适的松紧度。

(2) 若目的地与机舱温差较大,提示老年旅客及时更换衣物,提醒老年旅客落地后不要自行下机,等待乘务员的引领。

(四)落地后　After Landing

(1) 到达目的地后,提醒老年旅客携带好随身行李,协助其从行李架上取出行李,搀扶有需要的老年旅客下飞机。

(2) 对于乘坐经停航班的老年旅客,特别是无人陪伴的老年旅客,建议过站时不下飞机,乘务组安排专人负责照顾。

(3) 下机时,与地面人员做好交接工作。如遇航班延误、取消等特殊情况,应及时与无人陪伴交接单上的老年旅客亲属取得联系,详细说明航班情况。

实践演练

由5名学生组成乘务组,其余学生扮演普通旅客和老年旅客,可以是独自旅行的老年旅客,也可以是老年团旅客,根据不同的飞行阶段给老年旅客提供相应的特殊服务。

问题思考:

乘务员在收餐的时候发现一位老年旅客的餐盘上所有的餐具都不见了,询问后得知该旅客觉得飞机上的餐具非常精美,想带回家做纪念,于是藏到了自己随身携带的行李中,乘务员该如何处理此事?

任务三　残障旅客服务
Task 3　Handicapped Passengers Service

任务引导

残障旅客是指在心理、生理、人体结构、某种组织上功能全部或者部分丧失或不正常,其行动需他人照料的旅客,主要包括病残旅客、盲人旅客、聋哑旅客等。本任务主要介绍残障旅客的分级、残障旅客的运输条件以及残障旅客的服务要点。通过对本任务的学习,学生可以更好地了解残障旅客,针对不同的需求提供给残障旅客必要的帮助。

情境案例

航班上一名单独旅行的盲人旅客引起了乘务员的注意,与盲人旅客沟通,帮助其寻找座位、熟悉客舱设备,向其介绍餐食等成了摆在乘务员面前亟待解决的问题。

During flight, a blind passenger traveling alone has caught the attention of the cabin crew, how to communicate with him, how to help him to find seats, how to familiarize him with the facilities, how to introduce meals and beverages to him, etc, these are the urgent problems for the cabin crew to solve.

> 模块六 特殊旅客服务

> **● 思考**
>
> 1. 盲人旅客有什么特点？
>
> What are the unique features of blind passengers？
>
> 2. 为盲人旅客服务时要注意哪些方面？
>
> What should we pay special attention to when serving a blind passenger？
>
> 3. 如何为盲人旅客介绍机上设备（呼唤铃、安全带、洗手间等）？
>
> How to introduce service units and lavatory to the blind passengers？

知识链接

一、残障旅客的分级　　Category of Handicapped Passengers

残障旅客的分级如表 6-1 所示。

表 6-1　残障旅客的分级

Table 6-1　Category of handicapped passengers

项目	描述
BLND	盲人
DEAF	聋哑人
MEDA	严重疾病患者
WCHR（其中的 R 为 ramp，客机停机坪）	此类旅客可以上下客梯，也可以自己进出客舱座位；但远距离行走或离开飞机时，如穿越停机坪、站台或前往休息室，需要轮椅
WCHS（其中的 S 为 stair，客梯）	此类旅客可以自己进出客舱座位，但上下客梯时需借助外力或需要背扶，远距离行走、离开飞机或前往休息室时需要轮椅
WCHC（其中的 C 为 cabin，客舱座位）	此类旅客尽管能在座位上就座，但完全不能行动，离开飞机或前往休息室时需要轮椅；在上下客梯和进出客舱座位时需要背扶
STCR	本人不能自主行动或病情较重，只能躺在担架上旅行，被称为担架旅客

二、残障旅客的运输条件　　Transportation Regulations and Restrictions for Handicapped Passengers

（1）残障旅客不能坐在出口座位，且在同一排座位上不能安排两名残障旅客。

（2）残障旅客可以决定在空中旅行时是否需要客舱乘务员特殊照顾，但如出现下列情况之一者，航空公司有权决定是否需要乘务员给予安全上的协助：由于精神不健全而不能理解或遵循安全指导；由于重病或残障而自身不能进行紧急撤离；由于听力或视力不健全而不能接受必要的指导；需要他人协助处理医疗事物，包括注射。

(3) 如抵达航班中有残障旅客需要地面人员接机时，乘务长应将信息报告机长，由飞行机组在落地前联系地面工作人员落实好接机工作。

(4) 残障旅客的运输规则。

① 人数限制。根据中国民航局的规定，对航班上载运的无人陪伴的残障旅客的人数有限制，如表6-2所示。

表 6-2 残障旅客人数限制
Table 6-2 Limits on the number of handicapped passengers

航班座位数/个	无人陪伴的残障旅客的运输限制
51~100	2 名及以下
101~200	4 名及以下
201~400	6 名及以下
400 以上	8 名及以下

载运残障人团体时，在增加陪伴人员的前提下，承运人采取相应措施，可酌情增加残障人乘机数量。此外，承运人不得以航班上限制残障人人数为由，拒绝运输具备乘机条件的残障人。

② 轮椅旅客限制。

航空公司一般每个航班对于 WCHC 轮椅旅客的限制为 2 名，对于 WCHR 轮椅旅客的人数不限。如抵达航班中有 WCHS 或 WCHC 类轮椅旅客需要地面人员接机时，乘务长会将信息报告机长，由飞行机组在落地前联系地面工作人员，落实好接机工作，还应要求地面工作人员尽量为旅客安排升降机或抬送旅客的人员。

(5) 盲人旅客的运输规则。

① 有人陪伴的盲人旅客，只限成年人旅客陪伴同行，并按一般普通旅客接受运输，且盲人旅客携带的导盲犬必须按照小动物运输规则办理托运。

② 一个航班一般只接收 2 名无人陪伴的盲人旅客并允许导盲犬带入客舱。

(6) 聋哑旅客的运输规则。

① 不满 16 周岁的无成人陪伴聋哑旅客单独乘机时，航空公司有权不予承运。

② 已满 16 周岁的无成人陪伴聋哑旅客乘机时应符合如下规定：必须事先在售票时提出特殊旅客服务申请，经航空公司同意后方可运输；旅客应有自理能力。

③ 应提前在乘机前告知可沟通的方式。

④ 正常情况下，助听犬应作为小动物运输，特殊情况下经航空公司批准可带入客舱。

(7) 担架旅客的运输规则。

① 原则上每一航班仅限运输 1 名担架旅客。

② 必须有一名医生或护士陪同担架旅客，如让其他人陪同必须经医生的同意。

三、残障旅客的服务要点　Key Points of Service for Handicapped Passengers

(一) 病残旅客　Sick or Disabled Passengers

1. 登机阶段　Boarding Stage

(1) 需提前了解病残旅客信息,如条件允许,病残旅客可优先登机。

(2) 乘务长与地服人员做好交接工作,详细了解病残旅客的具体情况,如病残部位、病残程度等,询问是否有特殊服务需求。

视频:轮椅旅客服务

(3) 由乘务长指派专人引导病残旅客入座,此类旅客尽可能安排在离出口较近的位置。

(4) 对于手臂及上肢有伤残的旅客在其就座后,帮助其系好安全带。主动送上枕头或毛毯,垫在受伤者的胳膊下。

(5) 对于脚伤、腿伤以及其他下肢伤残旅客,就座后应及时用小纸箱等物品协助垫高下肢,尽量使其感觉舒适。

(6) 对于担架旅客,在登机前确认其座位号,提前将毛毯枕头铺在座椅上,旅客上机后让其头朝向机头方向躺卧,帮助其系好安全带。

(7) 对于随身携带拐杖、手杖的旅客,其辅助工具应放在纵向沿机身客舱壁板(非应急出口)的窗口座位下,或放在许可的储藏空间内,如:衣帽间。

(8) 乘务员与病残旅客的陪同人员积极沟通,询问是否有其他注意事项或特殊需求。

2. 空中阶段　Inflight Stage

(1) 餐饮服务。

① 为病残旅客提供正常服务,不因为旅客身体上的缺陷及病态,对旅客歧视、不尊重或有语言冒犯。

② 主动协助病残旅客放下小桌板,介绍饮料、餐食种类。

③ 对于上肢残缺或病情较重的旅客,应将餐食和饮料递送给陪同人员。

④ 为病残旅客服务时要小心谨慎,不要触碰到旅客伤残部位。

(2) 巡舱期间。

① 随时关注病残旅客的状态,服务时要考虑到旅客的意愿,避免过于热情或冷漠而伤害旅客的自尊心。

② 与病残旅客交流时,表情亲切自然,不要长时间盯着旅客的病残部位。

③ 在为残障旅客提供帮助前,尽量征询陪同人员,用最适宜的方式协助病残旅客。

④ 协助使用辅助装置行走的残障旅客进出洗手间。

3. 下降阶段　Descending Stage

① 飞机下降前,及时告知病残旅客到达时间、温度等信息,提醒旅客及时增减衣物。

② 担架旅客需在下降时头部朝机尾方向躺卧,并适当垫高头部,系好安全带。

③ 协助病残旅客整理随身物品,提醒病残旅客及陪同人员飞机落地后最后下机。

④ 通知机长联系地面工作人员,准备病残旅客所需的轮椅、担架等设备。

107

4. 落地后　After Landing

① 病残旅客最后下机。

② 乘务员提前准备好病残旅客代为保管的辅助工具，确认地面工作人员轮椅、担架等已到位。

③ 下机时，协助陪同人员将病残旅客护送至舱门口，与地面工作人员做好交接。

④ 如病残旅客乘坐经停航班，建议过站时不下飞机，安排专人照顾。

(二) 盲人旅客　Blind Passengers

1. 登机阶段　Boarding Stage

(1) 乘务长与地面工作人员做好交接，安排专人引导盲人旅客就座，协助其安放随身行李，将常用的物品放在前排座椅下方，并让盲人旅客亲自触摸确认自己行李的位置，以便于取用。

(2) 为盲人旅客介绍座椅周边环境，特别是呼唤铃的位置。介绍座椅周围设备时，需协助盲人旅客用手一一触摸，以增加记忆。

(3) 帮助盲人旅客系好安全带，并让其用手感触安全带的锁扣使用方法，使用座椅方位或步数方位等介绍紧急出口的位置。

2. 空中阶段　Inflight Stage

(1) 餐饮服务。

① 提供餐饮时，协助盲人旅客放下小桌板，主动介绍饮料和餐食的种类，由盲人旅客自行选择。在小桌板上放置食物时，需使用钟表指针法介绍食品、杯、盘的位置，食品、物品放到小桌板上，未告知盲人前，不要挪动位置或取走，因为盲人是靠记忆确认位置的。

② 与盲人旅客交流时要有耐心，给其足够的考虑时间。

③ 帮助盲人旅客打开餐盒包装及刀叉包，告知餐盘内食物的位置。

④ 收餐时，征得盲人旅客的同意后再收走。

(2) 巡舱期间。

① 主动询问盲人旅客是否需用洗手间，若需要，将其引导至洗手间内，需详细向盲人旅客介绍洗手间内部设备，使用完毕后送旅客回座位。

② 如盲人旅客携带导盲犬，必须在登机前为其系上牵引绳索，登机后不得占用旅客座位，不能让其任意跑动。

③ 导盲犬必须伴随盲人旅客，保证导盲犬待在该旅客所坐的座位下并戴上口套，不得阻碍和堵塞过道或其他出口区域。

3. 下降阶段　Descending Stage

① 飞机下降前及时告知盲人旅客到达时间、温度等信息，协助其更换衣物。

② 整理随身物品，提醒盲人旅客飞机落地后最后下飞机，等待乘务员引导。

4. 落地后　After Landing

① 待其他旅客下机后，乘务员引导盲人旅客下飞机。

② 帮助盲人旅客检查座椅周边是否有遗留物品，搀扶其下机，协助其提拿行李。

③ 与地面工作人员做好交接。

④ 如盲人旅客乘坐经停航班，建议过站时不下飞机，安排专人照顾。

(三) 聋哑旅客　Deaf Passengers

1. 登机阶段　Boarding Stage

(1) 乘务长与地面工作人员做好交接，安排专人一对一服务，主动引导其就座，协助安放随身行李，将常用的物品放在前排座椅下，方便于旅客取用。

(2) 结合肢体语言为聋哑旅客介绍座椅周边环境和服务组件，特别是呼唤铃的位置，必要时可用书写方式进行沟通。

(3) 为聋哑旅客示范如何系好和打开安全带。

(4) 聋哑旅客无法听到客舱广播信息，因此全程需要专人为其服务和传达各类信息，如飞行时间、航班延误、航班取消、临时换飞机、备降等。

2. 空中阶段　Inflight Stage

(1) 餐饮服务。

① 提供餐饮服务时，可将各种饮料名称或标识主动示意给聋哑旅客，由旅客自行选择。

② 与聋哑旅客交流时要有耐心，给其足够的思考时间。

③ 收餐时，需征得聋哑旅客同意后再收走。

(2) 巡舱期间。

① 全程关注聋哑旅客的需求。

② 使用肢体语言与聋哑旅客沟通不畅时，不能不耐烦或置之不理。应立刻准备好纸、笔，进行再次沟通。

3. 下降阶段　Descending Stage

飞机下降时写下到达时间、温度等信息告知聋哑旅客。

4. 落地后　After Landing

如乘坐经停航班，需确认聋哑旅客的目的地。

知识拓展

客舱勤务动物运输规定如下。

(1) 导盲犬（助听犬）必须具有检疫证明书，在申请订座和办理乘机手续时，向航空公司出示证明。

(2) 导盲犬（助听犬）经航空公司同意可免费携带进入客舱或者装在货仓内运输，连同其容器和食物，可以免费运输而不计算在免费行李额内。

(3) 带进客舱的导盲犬（助听犬），须在上飞机前为其戴上口套和系上牵引绳，并不得占用座位和让其任意跑动，须留在主人的身边。同一客舱内只能装运一只导盲犬（助听犬）。

(4) 装在货舱内运输的导盲犬（助听犬），其容器必须坚固。该容器应当能防止导盲犬（助听犬）破坏、逃逸和伸出容器外，并能防止粪便渗溢，以免污染飞机设备和其他物品。

(5) 飞行途中只能喂水。如长途飞行应在航班中途站停留时在地面喂食。

(6) 除了有检疫要求或者禁止入境的国家(地区)之外,导盲犬(助听犬)可以搭乘国内、外航班。

(7) 携带导盲犬(助听犬)的旅客不能坐在紧急出口处,应尽量安排在过道方便旅客进出和乘务员照料的位置。

实践演练

由5名学生组成乘务组,分组进行病残旅客、盲人旅客以及聋哑旅客的登机阶段、空中阶段、下降阶段、落地后的服务,注意不同特殊旅客的服务要点。

问题思考:

1. 航班中有聋哑旅客时,有哪些服务要点?
2. 为残障旅客服务时,乘务员不得主动碰触残障旅客身体及伤处,如遇到其他旅客好奇甚至议论嘲笑残障旅客时,乘务员应该如何处置?
3. 客舱中有导盲犬时应注意哪些事项?

任务四 其他特殊旅客服务
Task 4　Other Special Passengers Service

任务引导

航班中除了之前介绍的一些需要特殊照顾的旅客外,还有一部分旅客需要乘务员在工作中特别留意的。有的是出于运行安全的考虑,有的是出于工作需求,还有的是出于旅客自身的特点,所以在为这些旅客服务时我们也要特别关注。本任务介绍醉酒旅客、被押送的犯罪嫌疑人、额外占座旅客以及晕机旅客的概念以及各阶段的服务要求,通过对本任务的学习,学生可掌握这些特殊旅客的服务重点。

情境案例

登机时,一名旅客脸通红,浑身酒气,说话也含糊不清。乘务员将会如何处置?
During boarding, a drunk passenger with red face cannot speak and behave properly, what would cabin crew do to handle this situation?

> **思考**
>
> 1. 如何判定旅客是否处于醉酒状态？
> How to identify the passenger is in a drunk state？
> 2. 如果醉酒旅客不听劝阻或者寻衅滋事，乘务员应该如何处置？
> What steps will cabin crew take to handle a drunk and unproperly behaved passenger？

知识链接

一、醉酒旅客　Drunk Passengers

酒醉旅客是指饮酒过量，失去自控能力，在航空旅行中明显会给其他旅客带来不愉快或者可能造成不良影响的旅客。

通过观察旅客外形、言谈、举止，在上机地点发现醉酒旅客应拒绝其登机，被拒绝乘机旅客按自愿退票的规定处理。飞行中发现酗酒、不听劝阻或者寻衅滋事的醉酒旅客，应制止其行为或者对行为人实施管束。飞机落地后将被管束人移交所降落的民航公安机关查处。

知识拓展

按照有关规定，醉酒旅客不得乘坐民航客机主要是为了旅客自身的安全考虑。首先，酒后乘机对乘机者的健康不利，酒后高空飞行易突发心脑血管疾病；其次，醉酒旅客行为失常，不易控制自己的行为，对客舱其他旅客的安全构成隐患。所以，旅客如果准备坐飞机出行，应慎饮酒，如果旅客已经喝了很多酒，请联系机场医务处，医生将检查该旅客是否适合登机，或者采取解酒措施。

二、押解犯罪嫌疑人　Suspect Escort

（一）运输条件　Transport Condition

（1）经民航局、公安局批准，航空公司同意方可承运。

（2）押解人员需在乘机前提交乘机文件，文件包括地、市以上公安机关购票证明，犯罪嫌疑人身份证，押解人员身份证和工作证、押解证明。

（3）押解警力3倍于犯罪嫌疑人，最多押解3人，若是女性犯罪嫌疑人，应至少有一名女性民警。

（4）被押送的犯罪嫌疑人仅限于乘坐经济舱，运输过程注意保密。有重要旅客的航班上，不得载运押送犯罪嫌疑人。

视频：遣返在押旅客

(二) 服务要点

1. 登机阶段　Boarding Stage

乘务组应提前向地面工作人员详细了解押解情况,如犯罪嫌疑人的犯罪性质、人数、座位号,警察的人数、座位号以及一名犯罪嫌疑人有几名警察看押等信息。

犯罪嫌疑人与警察登机后,乘务员按常规进行服务,避免引起其他旅客的注意和猜疑。

尽量将犯罪嫌疑人安排在最后一排、不靠过道的位置,但不得坐在紧急出口处。

在起飞和降落时,乘务员应监控押送人员不得将犯罪嫌疑人束缚在座位或其他无生命的物体上。

2. 空中阶段　Inflight Stage

(1) 餐饮服务。

① 餐饮服务时,先征询押送人员的意见,再为犯罪嫌疑人提供餐饮。

② 不得向押送人员和犯罪嫌疑人提供含有酒精的饮料和尖锐餐具,可向犯罪嫌疑人提供一次性餐具。

③ 为犯罪嫌疑人服务时,不要紧张,尽量放轻松和自然。

(2) 巡舱期间。全程关注犯罪嫌疑人的情绪状态,全力配合押送人员的工作,必要时给予协助。

3. 下降阶段　Descending Stage

按正常服务程序工作。

4. 落地后　After Landing

通常会安排被押送的犯罪嫌疑人最后下机,但每个机场要求不同,需在落地后根据实际情况来执行。

三、额外占座旅客　Passengers with Extra Seat

额外占座旅客是指为了个人舒适和放置手提行李的需要而要求占用两个或者两个以上座位的旅客。

对额外占座旅客,有如下服务要点。

1. 登机阶段　Boarding Stage

(1) 登机时,根据其出示的登机牌确定是占一个座位还是多个座位,安排其先入座,主动协助安放行李,不要放在脚下避免拿取不方便。

(2) 条件允许的情况下,主动为其调整到宽松的座位,并提供加长安全带,落地后及时收回。

(3) 肥胖旅客一般比较怕热,乘务员需主动调节客舱通风孔,夏季视情况可提供湿毛巾或冰水。

(4) 如肥胖旅客坐在紧急出口处,起飞前需及时调整座位,注意言辞,不要让旅客感觉尴尬或不满。

2. 空中阶段　Inflight Stage

（1）餐饮服务。如提出加餐需求，应及时满足。

（2）巡舱期间。按照正常服务程序工作。

3. 下降阶段　Descending Stage

按照正常服务程序工作。

4. 落地后　After Landing

按照正常服务程序工作。

四、晕机旅客　Passengers Suffered Airsickness

晕机在医学上称为运动病。晕机症状因人而异，有轻重之分。轻者表现为头晕，全身稍有不适、胸闷、脸色红。重者则会脸色苍白发青、头痛心慌、表情淡漠、微汗。更严重的将会出现浑身盗汗、眩晕恶心、呕吐不止等难以忍受的痛苦症状。

造成晕机病的原因有很多，如飞机颠簸、起飞、爬高、下降、着陆、转弯时；个人心情紧张、身体不适、过度疲劳等。正常健康者和有轻微晕机病的人，乘坐现代化大型客机，通常不会出现晕机状况。

对晕机旅客，有如下服务要点。

1. 登机阶段　Boarding Stage

如旅客提出有晕机史，要求服用晕机药，应询问其是否服用过晕机药品，并说明机上用药须知后再提供。晕机药应在乘机前30分钟服用，成人每次服用1~2片，必要时每4小时服用一次，24小时内总共不超过12片。

可为晕机旅客多准备一些清洁袋和纸巾等。

2. 空中阶段　Inflight Stage

（1）餐饮服务。根据旅客需求提供，如因身体不适暂时不想用餐，征询意见后决定是否为其保留。

（2）巡舱期间。

① 如旅客呕吐，乘务员要主动提供热毛巾、温水及清洁袋，打开通风孔，建议旅客解开过紧的领带或衣领扣。

② 调整旅客的座椅靠背，让旅客紧靠椅背不动，闭目休息并深呼吸，或让旅客躺卧，尽量让其感觉舒适。

③ 协助清理呕吐物，必要时为旅客调换座位。

④ 根据实际情况提供氧气瓶给严重晕机者吸氧。

3. 下降阶段　Decending Stage

轻声询问旅客身体情况，并加以安慰。

根据旅客后续行程情况，提供适量的晕机药。

4. 落地后　After Landing

下机时主动帮助晕机旅客提拿行李并搀扶其下机。

实践演练

由 5 名学生组成乘务组，其余学生分别扮演醉酒旅客、被押送的犯罪嫌疑人、额外占座旅客和晕机旅客，模拟为这些特殊旅客提供各阶段服务，注意各种特殊旅客的服务要点。

问题思考：

1. 犯罪嫌疑人和押送人员上下飞机和座位安排有什么要求？
2. 如果有额外占座旅客自行坐在了紧急出口位置，如何向其解释才能避免旅客尴尬？

学习小结

航班中需要特别照顾的旅客一般来说数量不多，所以更加需要乘务员热情、主动和周到地为他们提供服务。乘务员要掌握特殊旅客的特点，把握好服务管理与客舱安全运行的要求，在服务过程中，通过细致的观察，提供安全、适时和必要的服务。

课　业

分组进行各类特殊旅客的登机阶段、空中阶段、下降阶段及落地后的服务。

模块七 国际航班服务
Module 7 International Flight Operation

○ 学习目标

- 知识目标
1. 能够掌握国际航班特有服务内容的要求。
2. 能够掌握出入境的基础知识。
3. 能够掌握免税品的基础知识。
4. 熟悉出入境、免税品服务中的常见问题及处理流程。

- 能力目标
1. 能明确并熟悉出入境的规定及相关服务的内容和要求。
2. 能运用适当的沟通技巧开展免税品售卖服务。

- 素养目标
1. 牢牢树立严格遵守出入境管理法律的意识。
2. 养成团队合作意识和较强的服务意识。

任务一　出入境服务
Task 1　Entry and Exit Services

任务引导

在国际航班中，乘务员要面对来自不同国家、前往不同国家的旅客，熟悉各国出入境管理规定，正确引导旅客进行合乎规定的申报，这是航班的重要任务之一。该任务包括出入境基础知识、各国海关、移民局（边防）、检疫的通用规定，出入境表格填写要求以及各国出入境详细规定案例。学生通过对该任务的学习能够了解出入境通用规定，树立法律意识，掌握表格填写要求，并为旅客提供各国出入境规定咨询服务。

1.1　出入境基础知识 Entry and Exit Basics

情境案例

夜航途中，大多数旅客在安静地休息。此时，有一对老夫妇向乘务员小黄求助，他们是第一次到美国旅游，想请小黄帮忙填写登记卡。

During a night flight, most passengers are resting. An old couple told cabin crew Huang that they are first time travel to USA, they need Huang to help them with filing the arrival cards.

- 思考

1. 小黄可以代旅客填写出入境表格吗？

Can cabin crew fill up the arrival forms for the passengers?

2. 你了解美国出入境管理规定吗？

Do you know the entry and exit regulations and rules of USA?

知识链接

一、CIQ

1. 海关　Customs

设在口岸的海关是海关派驻机构。海关是依据本国（或地区）的法律、行政法规行使进出口监督管理职权,对出入国境的一切商品和物品进行监督、检查并照章征收关税的国家行政机关。

各国海关的职能共同点为:监管进出境的运输工具、货物、行李物品、邮递物品和其他物品;征收关税和其他税费;查缉走私。海关查验的物品分为三类:普通通关物品、限制通关物品和严禁通关物品。

2. 移民局　Immigration Department

移民局是维护国家主权、安全和社会秩序的重要执法机构,在各国出境、入境的人员必须按照相关国家的规定填写出境、入境登记卡,向移民局交验本人的有效护照或者其他出境、入境证件。经查验核准后,方可出境、入境。

由中华人民共和国公安部管理的国家移民管理局,履行以下职责。

(1) 对出境、入境的人员及其行李物品、交通运输工具及其载运的货物实施边防检查。

(2) 按照国家有关规定对出境、入境的交通运输工具进行监护。

(3) 对口岸的限定区域进行警戒、维护出入境秩序。

(4) 执行主管机关赋予的其他法律、行政法规规定的任务。

护照分为外交护照、公务护照、普通护照。

3. 检疫　Quarantine

出入境检验检疫是指政府行政部门为保护国家整体利益和社会利益,对出入境货物、交通工具、人员及其他事项等依照《中华人民共和国国境卫生检疫法》及相关法规实施传染病检疫、监测和卫生监督。

检验检疫部门对出入境货物、人员、交通工具、集装箱、行李邮包携带物等进行检验检疫,目的是为了防止危害动植物的病、虫、杂草及其他有害生物传入或传出,保证出入境人员的健康、安全。

检疫证件有健康证明书、接种书、健康声明卡。

二、各国(地区)海关的通用规定　General Customs Rules for All Countries

(1) 海关通道分为有物品申报、无物品申报。

(2) 海关一般规定:对全部行李进行检查;分运行李也应申报,6个月内验收;免税品在2年内不得出售、出租或转让;海关加封的物品,不得擅自拆毁。

(3) 各国(地区)海关都禁止旅客携带各种武器、仿真武器、弹药及爆炸物品出入境。

(4) 各国(地区)对濒危和珍贵动物、植物,其化石、标本和种子都有严格的规定。

(5) 各国(地区)都严格禁止旅客携带各种毒药出入境。

(6) 各国(地区)都严格禁止旅客携带鸦片、吗啡、海洛因、大麻及其他能使人成瘾的麻醉品、精神药物出入境。携带毒品在各国都视为犯罪行为。

(7) 各国(地区)都对带有危险性的病菌、昆虫及生物、动物和其产品出入境有严格规定。

(8) 各国(地区)对有碍健康的、来自疫区的,以及其他能传播疾病的食品、药品或其他物品出入境均有限制规定。

(9) 各国(地区)对珍贵文物均有出入境的规定和限制。各国(地区)海关都严格打击走私行为。

(10) 对旅客携带的礼品,须携带出入境的照相机、便携式收音机、小型摄影机、手提式摄录机、手提式计算机等,各国(地区)对其数量有不同的规定。

(11) 各国(地区)一般对出入境旅客所携带的货币和有价证券数额都有限额规定,具体限额分别见各国(地区)的规定。

(12) 各国(地区)对个人携带的免税香烟、酒类、化妆品有不同的限制和规定。

三、各国(地区)移民局(边防)的通用规定　General Immigration Rules

(1) 旅客在到达任何一个国家(非本国)的第一个口岸,一般都需要填写入境卡,并随同护照、证件一并交边防或移民局官员查验,出境时填写出境卡。有些国家不需要填写出入境卡,具体要求参照该国的具体规定。

(2) 偷渡,指违法出入国(边)境管理法规,没有合法证明,秘密地驾或泅渡界江、界河、海峡或偷乘合法交通工具,偷越边界的行为。

(3) 遣返,指遣送回原来的地方。一国公民前往他国,或逾期居留,或从事与签证种类不符的行为,被他国移民当局发现后二遣返回原来居住的地方。

(4) 非法入境,指外国人违反《中华人民共和国外国人入境出境管理法》非法入境的行为。未持有效护照、证件;未持中国政府主管机关签发的有效证件;未在中国开放口岸或指定口岸同行;未经边防检查机关查验,获准并加盖讫章的;违反边境管理法规或协议,离开边境地区擅自进入内地的,均属非法入境行为。

四、各国(地区)关于检疫的通用规定　General Quarantine Regulations

健康证明和国际预防接种证书的要求不一。但以下内容基本一致。

(1) 各国(地区)一般都不准携带生肉和熟肉入境。

(2) 各国(地区)一般都不准携带水果、带根的花草、植物入境。

(3) 各国(地区)一般都不准携带血制品、生物制品、土壤、种子等入境。

(4) 很多国家(地区)要求在到站飞机上喷洒药物。

五、国际航线乘务员须知　Notes for International Crew

(1) 航班出境前或入境后,全体机组人员必须持护照、证件及行李物品接受出入境检查。

(2) 国际航班入境前,乘务员必须向旅客分发"入境卡""携带物品申报单""健康声明卡",并督促、指导旅客准确填写。

(3) 入境时,未经出入境检查,不得上下人员、装卸货物。

(4) 未持有效证件的乘机者,航空公司负责将其遣返。

(5) 航班中,乘务员应注意观察旅客的健康状态,并报告检疫人员。

六、各国(地区)出入境的有关规定和相关知识　Entry and Exit Knowledge for Certain Countries/Regions

乘务员要能够了解各国海关、移民局、检疫的有关规定和相关知识,正确识别各国出入境表格,帮助和指导旅客正确填写出入境表格。

(一) 中国内地的规定　China Entry and Exit Regulations

中国入境第一站办理检疫、边防手续,终点站办理海关手续。

1. 海关规定　Customs Regulations

(1) 出境旅客。

① 从航空口岸进出境的旅客,除按照规定享有免验和海关免于监管的人员以及随同成人旅行的 16 周岁以下旅客以外,均应填写《中华人民共和国海关进出境旅客行李物品申报单》,向海关如实申报。

② 携带需复带进境单价超过人民币 5 000 元的照相机、摄像机、手提电脑等旅行自用物品,旅客应填写两份申报单,海关核验签章后将其中一份申报单退还给旅客,凭此办理有关物品复带进境手续。

③ 携带超过 20 000 元人民币现钞,或超过折合 5 000 美元的外币现钞,海关按现行有关规定办理。

(2) 入境旅客。

① 居民旅客携带在境外获取的总值超过人民币 5 000 元(含,下同)的自用物品,对超出部分海关予以征税放行。

② 非居民旅客携带拟留在中国境内的总值超过人民币 2 000 元的自用物品,对超出部分海关予以征税放行。

③ 携带超过 1 500 毫升的酒精饮料(酒精含量 12% 以上),或超过 400 支的香烟,或超过 100 支的雪茄,或超过 500 克的烟丝,对超出限量但仍属于自用的部分,海关予以征税放行。

④ 携带超过 20 000 元的人民币现钞,或超过折合 5 000 美元的外币现钞,海关按现行有关规定办理。

⑤ 携带需复带出境超过折合 5 000 美元的外币现钞时,旅客应填写两份申报单,海关核验签章后将其中一份申报单退还给旅客,凭此办理有关外币复带出境手续。

(3) 机组人员。

《航空公司旅检监管事务指南》中有关机组人员携带进出境的物品规定为:应当以个人旅途必需或零星自用物品为限。海关按照自用合理数量的原则给予验放。限量规定:出境可携带相当于 1 000 美元的外币,入境可携带香烟 40 支,或雪茄 10 支,或烟丝 50 克;酒类无免税指标,携带入境需征税。

(4) 中华人民共和国禁止进/出境物品。

① 禁止进境。

a. 各种武器、仿真武器、弹药及爆炸物品。

b. 伪造的货币及伪造的有价证券。

c. 对中国政治、经济、文化道德有害的印刷品、胶卷、照片、唱片、影片、录音带、录像带、激光视盘、激光唱盘、计算机存储介质及其他物品。

d. 各种烈性毒药。

e. 鸦片、吗啡、海洛因、大麻以及其他能使人成瘾的麻醉品、精神药物。

f. 带有危险性病菌、害虫及其他有害生物的动、植物及其产品。

g. 有碍人畜健康的、来自疫区的以及其他能传播疾病的食品、药品及其他物品。

② 禁止出境。

a. 列入禁止进境范围的所有物品。

b. 内容涉及国家秘密的手稿、印刷品、胶卷、照片、唱片、影片、录音带、录像带、激光视盘、激光唱盘、计算机存储介质及其他物品。

c. 珍贵文物及其他禁止出境的文件。

d. 濒危的和珍贵的动、植物(均含标本)及其种子和繁殖材料。

③ 征免规定(16 周岁以上者)。

a. 当天往返港澳地区的旅客：香烟 40 支，或雪茄 50 支，或烟丝 50 克，不准带免税酒进境。

b. 往来港澳地区的旅客(包括港澳旅客和内地因私前往港澳地区探亲和旅游等旅客)：香烟 200 支，或雪茄 50 支，或烟丝 250 克，酒 1 瓶/750ml(酒精含量 12% 以上)。

c. 外交部派出驻外人员和海员烟酒免税标准同其他旅客。

④ 国际航线国内段需要海关关封放行飞机。

2. 移民局规定　Immigration Department Regulations

(1) 出、入境卡用中、英文填写，不得涂改。

(2) 任何护照都须填写出入境卡。

(3) 外国旅游团体持集体签证的旅客，可不填写出入境卡。

(4) 持《港澳居民来往内地通行证》来往大陆的港、澳居民免填出境登记卡。

(5) 持《中华人民共和国往来港澳通行证》的内地居民，出入港澳地区不填出境登记卡。

(6) 持用团体出国(境)旅游名单表的中国旅游团成员免填出境登记卡。

(7) 中国公民免填入境卡。

3. 检疫规定　Quarantine Regulations

(1) 中国入境检疫须知。

① 来自黄热病疫区的旅客，必须向检疫机关出示有效的黄热病预防接种证书。

② 患有发热、腹泻、艾滋病、性病、精神病、开放性肺结核的入境人员应当进行申明。

③ 受入境检疫的航空器，如果在飞行中发现检疫传染病、疑似检疫传染病，或者有人非意外伤害而死亡并死因不明时，机长应当立即通知到达机场的航空站，向卫生检疫机关报

告并根据规定在落地后开展查验;对入境航空器查验完毕以后,根据查验结果,对没有染疫的航空器,检疫医师应当签发入境检疫证;如果该航空器有受卫生处理或者限制的事项,应当在入境检疫证上签注,由机长或者其授权的代理人负责执行;对染疫或者有染疫嫌疑的航空器,除通知航空站外,对该航空器应当发给卫生处理通知单,在规定的卫生处理完毕以后,再发给入境检疫证。

(2) 禁止携带、寄递进境的动植物及其产品和其他检疫物

根据2021年10月20日中华人民共和国农业农村部和中华人民共和国海关总署联合发布的第470号公告《中华人民共和国禁止携带、寄递进境的动植物及其产品和其他检疫物名录》的规定,下列物品禁止携带、寄递入境。

① 动物及动物产品类。

a. 活动物(犬、猫除外)。包括所有的哺乳动物、鸟类、鱼类、甲壳类、两栖类、爬行类、昆虫类和其他无脊椎动物,动物遗传物质。

b. (生或熟)肉类(含脏器类)及其制品。

c. 水生动物产品。干制,熟制,发酵后制成的食用酱汁类水生动物产品除外。

d. 动物源性乳及乳制品。包括生乳、巴氏杀菌乳、灭菌乳、调制乳、发酵乳,奶油、黄油、奶酪、炼乳等乳制品。

e. 蛋及其制品。包括鲜蛋、皮蛋、咸蛋、蛋液、蛋壳、蛋黄酱等蛋源产品。

f. 燕窝。经商业无菌处理的罐头装燕窝除外。

g. 油脂类,皮张,原毛类,蹄(爪)、骨、牙、角类及其制品。经加工处理且无血污、肌肉和脂肪等的蛋壳类、蹄(爪)骨角类、贝壳类、甲壳类等工艺品除外。

h. 动物源性饲料、动物源性中药材、动物源性肥料。

② 植物及植物产品类。

a. 新鲜水果、蔬菜。

b. 鲜切花。

c. 烟叶。

d. 种子、种苗及其他具有繁殖能力的植物、植物产品及材料。

③ 其他检疫物类。

a. 菌种、毒种、寄生虫等动植物病原体,害虫及其他有害生物,兽用生物制品、细胞、器官组织、血液及其制品等生物材料及其他高风险生物因子。

b. 动物尸体、动物标本、动物源性废弃物。

c. 土壤及有机栽培介质。

d. 转基因生物材料。

e. 国家禁止进境的其他动植物、动植物产品和其他检疫物。

注:(1) 通过携带或寄递方式进境的动植物及其产品和其他检疫物,经国家有关行政主管部门审批许可,并具有输出国家或地区官方机构出局的检疫证书,不受此名录的限制。(2) 具有输出国家或地区官方机构出具的动物检疫证书和疫苗接种证书的犬、猫等宠物,每人仅限携带或分离托运一只。具体检疫要求按相关规定执行。(3) 法律、行政法规、部门规

章对禁止携带、寄递进境的动植物及其产品和其他检疫物另有规定的,按相关规定办理。

(二)中国香港的规定　Hong Kong, China Entry and Exit Regulations

1. 海关规定的免税标准　Tax Exemption Standard Stipulated by the Customs

凡年满18周岁的旅客进入香港,可以携带如下物品。

(1)酒类。可以免税携带1升且酒精度高于30%的饮用酒类,供其本人自用。酒精度在30%以下的酒类无限制。

(2)烟草类。可以免税携带19支香烟,或1支雪茄,或总重量不超过25克的烟丝进港,供其本人自用。

(3)其他合理数量的个人用品。

香港是全球著名的免税港,除香烟、酒精制品等商品需征收较高的进口税外,其余物品一般免税或只征收很低的进口税。在香港进出口象牙原料或制品都严格受法律管制,旅客在香港的象牙制品,不论价值多少,均须向内地申请进口证,并在香港办理出口证。

2. 移民局的规定　Immigration Department Regulations

(1)入境卡用中英文填写,不得涂改。

(2)任何护照须填写出入境卡,一家人可填写一张(二人在一本护照)。

(3)外国旅游团体持集体签证的旅客,可不填写出入境卡片。

(4)香港居民、持有中国政府颁发的往来港澳通行证及中国旅行证的旅客、转机旅客无需填写入境卡。

(5)持其他种类证件的旅客需填写入境卡。

3. 检疫规定　Quarantine Regulations

(1)携带的宠物需有入境许可证或检疫许可证。

(2)禁止携带植物或植物的一部分入境。

(3)无需注射疫苗。

(三)日本的规定　Japan Entry and Exit Regulations

1. 海关规定　Customs Regulations

(1)免税标准。

① 机组人员可携带外国烟60支、日本烟60支,共120支或雪茄15支或总计烟草类75克。

② 居住者(20周岁以上)可携带纸烟200支,或雪茄50支,或总计烟草类250克。

③ 非居住者(20周岁以上)可携带纸烟400支,或雪茄100支,或总计烟草类500克。

④ 20周岁以上旅客均可带3瓶酒(0.75L/瓶)。

⑤ 可携带香水2盎司。

⑥ 携带的补品价值,居住者携带的补品价值不超过20万日元,非居住者携带的补品价值不超过10万日元。

(2)填写海关申报单的注意事项。

① 在日本入境的所有旅客需要填写海关申报单并提交海关。

② 过境旅客不出机场可不填写海关申报单。

③ 带刀枪的旅客都要填写海关申报单。

④ 对于分离行李，无论是否超过标准都要填写海关申报单。

⑤ 海关申报单分为日文、中文、英文版，居住者填写日文版，非居住者填写中文版或英文版。

2. 移民局规定　Immigration Department Regulations

（1）在日本入境的所有旅客都需要填写入境卡，成年人、儿童每人填写一张，可用各种文字填写。

（2）过境旅客不出机场可不填写入境卡。

3. 检疫规定　Quarantine Regulations

即使是土特产或个人消费用，未取得出口国政府机关发放的检查证明书的物品，均严禁携带入日本，对象包括来自偶蹄类动物（牛、猪、山羊、绵羊、鹿等）、马、家禽（鸡、鹌鹑、雉鸡、鸵鸟、珍珠鸡、火鸡、鸭、鹅及其他雁形目鸟类）、犬、兔、蜜蜂的以下物品。

（1）肉品、内脏。生鲜、冷藏、冷冻或已经过加热调理的加工产品等任何形态的物品。

（2）加工产品。肉干、火腿、香肠、培根、肉包等。

（3）蛋（包括蛋壳）。

（4）骨、脂肪、血液、皮、毛、羽毛、角、蹄、腱（皮包、羊毛衣等成品不在此限）。

（5）生乳、精液、受精卵、未受精卵、粪、尿。

（6）乳制品（不含便携式物品）。

（7）谷物秸秆、饲料用干草（部分地区）。

（四）新加坡的规定　Singapore Entry and Exit Regulations

1. 海关规定　Customs Regulations

（1）可携带烈性酒、葡萄酒各 1 升（18 周岁以上）。

（2）严禁携带口香糖、香烟以及肉类和肉制品。

（3）在新加坡落地前乘务员应点清所有的酒类并进行铅封。

2. 移民局规定　Immigration Department Regulations

（1）出入境旅客每人填写一张入境卡。

（2）入境卡存根联要求保留在护照内，不得丢失。

（3）离境时，要将入境卡存根联交给移民局官员。

（4）新加坡法律规定：禁带毒品、麻醉剂，如发现携带者入境，要给予重罚（其中包括死刑）。

3. 检疫规定　Quarantine Regulations

（1）禁止肉类入境（除马来西亚）。

（2）宠物须有进口许可证、货运许可证、健康证。

（五）法国的规定　France Entry and Exit Regulations

1. 海关规定　Customs Regulations

海关免税标准如下（17 周岁以上）。

（1）从欧盟国家入境的旅客，可携带香烟 800 支、小雪茄 400 支、大雪茄 200 支、烟草

123

1 000克(任选一种)。葡萄酒90升、烈性酒10升(酒精浓度22%以上)或20升(酒精浓度22%以下)、啤酒110升(任选一种)。

(2) 从其他国入境,可携带香烟200支、小雪茄100支、大雪茄50支、烟草250克(任选一种)。葡萄酒2升、茶叶100克或茶叶精40克。酒精浓度22%以上的酒类1升或酒精浓度22%以下的酒类2升、无气葡萄酒4升或啤酒16升(任选一种)。

(3) 15周岁以上的成年人可带总价值不超过430欧元的免税物品,超过则需要申报;儿童不能携带免税品;入境总价值不能超过7 600欧元。

(4) 机组人员一律不准为他人带进电器,个人所购电器需申报,否则物品查出将严厉处罚。

(5) 机组人员可携带香烟40支,22%以上的烈酒250毫升或啤酒500毫升。

2. 移民局规定　Immigration Department Regulations

(1) 填写入境卡时必须用法文、英文。

(2) 法国人和其他欧盟成员国的旅客不填写入境卡。

(3) 其他国籍的旅客都要填写入境卡,中国旅客在最后填上护照号码。

(4) 机组乘车进入机场时,移民局官员上车查看登机证。

3. 检疫规定　Quarantine Regulations

飞机到达前对客舱进行药物喷洒。

(六) 美国的规定　USA Entry and Exit Regulations

1. 海关规定　Customs Regulations

(1) 免税标准。

美国海关规定,每位旅客入境时,所携带的免税物品价值不能超过100美元。具体如下。

① 私人用品(如:衣服、饰品、洗用品、照相机等)。

② 香烟200支或雪茄50支或其他非产自古巴的烟草制品3磅(约1.35千克)。

③ 1公升以内的酒(包括:烈酒、葡萄酒和啤酒等),但只有满21周岁的成年非人才可以免税。

④ 随身携带超过1万美金现金(或等值外币)或票据(如:旅行支票、现金支票、他人开的个人支票、可流通证券等),在入关时需要申报。

(2) 严禁入境物品。

除上述免税规定,下列物品严禁携带入境。

① 毒品、危险药品。

② 美国原著的翻版书籍、唱片、光盘、假名牌等。

③ 军火及弹药物品。

④ 各类奖券。

(3) 其他。

如携带食品,必须在海关表格中申报。

如携带应急药品,必须和包装一起带,且最好有英文名称,并统一存放。美国海关边境保护局CBP规定,禁止携入未经美国食品和药物管理局(FDA)批准之处方药,但符合以下情况,则可携带三个月份用量的处方药。

① 针对重大疾病且在美国无法取得。

② 该药不会在美国进行贩售。

③ 该药不会引发不合理之风险。

④ 携药入境的旅客须提供书面保证,详述该药仅供病患个人使用,并提供美国境内执业、负责施用该药之医师名,或提供证据证明病患于他国早已持续使用。

(4) 海关申报单填写注意事项

① 海关申报单以每个家庭为单位(必须是直系亲属,如:父子、母子、夫妻、亲生兄弟姐妹等)填写。

② 英文版表格(见二维码)必须以英文大写字母填写,中文版表格(见二维码)则必须以中文正楷字体填写。

③ 在美国过境的旅客也需要填写申报单。

(5) 机组海关申报单。

① 由本人填写,用英文大写字母。

② 如给他人带有礼品,要在申报单中列明;如只有自用物品,则填写"PERSONAL EFFECTS ONLY",即:仅带自用物品。

③ 个人需申报物品包括手表、照相机、耳环、项链等。

④ 签名应与常用的信用卡、护照页签名相符,不限任何一国文字。

(6) 美国海关注意事项。

① 在美国区间不得出售机上免税物品,免税车要锁好,铅封;小酒车内的餐前酒可以出售。

② 进入美国第一站必须将所有(旅客、机组)物品拿下飞机办理海关手续。

2. 移民局规定

美国出入境卡在同一张 I-94 表格上,分为两联,入境时交移民官员查验盖章后,会将出境卡退还给旅客,钉在护照盖章页上,在离境时交给移民官员。

除美国公民、美国绿卡持有者(美国永久居民)及加拿大公民外,都需填写美国入境卡。护照上持有签证的旅客填写白色入境卡,无需签证的护照持有者(visa waiver)填写绿色入境卡,无签证的转机旅客(transit without visa)填写蓝色入境卡。

3. 检疫规定

(1) 美国一般不需要黄皮书,但如果某些国家发生传染病(伤寒、霍乱)报告联合国及世界各地,发生传染病国家的旅客到美国必须持有黄皮书。

(2) 以下物品严禁携带入境。

① 新鲜、脱水或灌装的肉类、肉制品。

② 植物种子、蔬菜、水果。

③ 昆虫、蜗牛及其他对植物有害的虫类。

④ 非灌装或烟熏的鱼类。

⑤ 野生动物或鱼类,以及由野生动物做成的制品。

（七）澳大利亚的规定　Australia Entry and Exit Regulations

1. 海关规定　Customs Regulations

根据规定，严禁携带假冒或盗版产品，其他入境时必须申报的物品如下。

（1）可能被禁止或受到限制的商品，例如类固醇、非法色情物品、枪支武器或非法药物。

（2）超过 22 毫升的含酒精饮料或 25 支香烟或 25 克烟草制品。

（3）在海外获得的商品或在澳大利亚购买的免税商品总价格超过 900 澳元，包括礼品。

（4）商业用途的商品/样品。

（5）10 000 澳元或以上等值的外币。

2. 移民局规定　Immigration Department Regulations

（1）每位旅客填写一张入境卡。

（2）必须用英文填写。

3. 检疫规定　Quarantine Regulations

（1）如果在到达澳大利亚 6 天前在宣称感染黄热病毒的国家过夜或居住更长时间，则必须持有个人国际黄热病预防接种证书。

（2）以下物品不能携带入境，如有，则必须申报。

① 肉、禽、鱼、海鲜、鸡蛋、乳制品、水果、蔬菜。

② 谷物、种子、鳞茎、稻草、坚果、植物、植物的一部分、传统草药或药物、木制物品。

③ 动物、动物的一部分、动物产品、宠物食品、蛋、生物制品、生物标本、鸟类、鱼、昆虫、贝壳、蜂产品。

④ 土壤、附有土壤或用于淡水区域的物品，例如运动/娱乐设备、鞋子。

（3）航班入境第一站，需对客舱、洗手间、货舱进行药物喷洒。

1.2　出入境表格填写　Knowing How to Fill in Entry and Exit Forms

情境案例

到达大厅内，边检柜台工作人员都在忙碌地查验入境旅客的入境文件，他们发现很多人填错了登记表格，"这个航班怎么搞的？居然那么多旅客都填错了表格信息！"

All immigration officers were busy checking arriving passengers' travel documents and they found out quite a lot of incorrectly filled embarkation forms："what's wrong with this airline, why are there so many passengers with wrong information in their forms！"

● 思考

1. 这个案例中，航空公司有什么问题？

In this case, what's the problem related to the airline？

2. 作为乘务员，本案例将给你什么启示？

As a crew, what should you learn from this case？

> 知识链接

一、理解表格中的表述　Understand Words and Expressions in Forms

世界各国的出入境表格大同小异,最基本的信息如表7-1所示。

表7-1　出入境表格内容
Table 7-1　Contents of the entry and exit forms

1. 姓氏	Family Name Surname Last Name	10. 长居国	Country of Residence
2. 名字	Given Name① First Name	11. 登船/机城市	City Where You Boarded
3. 出生日期	Date of Birth (DDMMYYYY)②	12. 签证签发地	City Where Visa Issued
4. 出生地	Place of Birth	13. 签证签发日期	Date Issued
5. 国籍	Nationality	14. 计划居住地址	Address While in ×××（country）
6. 性别	Sex/Gender③	15. 您的职业	Your Occupation
7. 护照号码	Passport No.	16. 计划停留时长	Intended Length of Stay
8. 有效日期	Date of Expiry	17. 旅行目的④	Purpose of Travel
9. 航班号、车船名	Flight No. Ship Name	18. 您的签名	Your Signature⑤

注：① 有些国家的表格要求填写 Mid-Name（中名），如无，可以 NIL 代替。
② 通常日期按照括号内的格式填写，如 03061999。
③ 通常以 F 代表 female，M 代表 male。
④ 旅行目的应与签证类型相符，主要包括：度假（holiday or tour）、商务（business）、留学（education）、就业（employment）、转机（transit）、会议（conference）、探亲访友（visit friends or relatives）、就医（medical treatment）。
⑤ 签名应使用一直以来保持的签名习惯，一般使用本国文字，无需使用拼音或刻意使用正楷，应与护照内页签名字迹相符。

二、表格填写要求　Entry and Exit Forms Filling Requirements

（1）用中文填写时需用正楷字，用英文填写时用大写。
（2）填写时字迹清晰，不得涂改。
（3）签名需与护照上的签名笔迹一致。
（4）请注意表格中对填写的要求［如：在方框内打"√"（tick）或打"×"（cross）等］。
（5）当此项没有或不适用时，请勿留空，须填写"NIL"或"NA"。

三、指导旅客填写表格　Guide the Passengers to Fill out the Form

为使旅客缩短办理出入境手续的时间,乘务员要根据各国的出入境规定,先播放各国出入境指南,再根据情况用托盘为旅客发放出入境表格。国际短途或夜航可在地面或起飞后发放表格,国际长途在一餐后发放表格。

当旅客询问关于出入境申报相关问题时,乘务员应能正确识别各国出入境表格,正确掌握各国出入境的有关规定和相关知识;乘务员可协助旅客填写表格,但不能代替旅客签字。

任务二　免税品销售服务
Task 2　Duty Free Goods Sale Service

任务引导

在国际/地区航班飞行中,大多数航空公司会提供免税品销售服务,机上免税品销售收入已经成为民航辅助收入的重要组成部分。作为一名优秀的乘务员,该如何在遵守相关法律法规的前提下,尽可能地提高免税品的销售量,为旅客的乘机带来愉快的购物体验呢?

情境案例

登机过程中,有一位旅客向乘务员提出想购买免税品。乘务员告知:目前还未起飞,暂不能出售。旅客不解,问:"为什么?"

During boarding, one passenger wants to buy duty free items. Cabin crew tells him that the sale will only open after takeoff. The passenger is not happy with the reply, he asks: why?

- 思考

1. 为什么不能在地面出售免税商品?
Why duty-free goods are not allowed to sell on the ground?
2. 如果你是这个乘务员,会怎么做?
If you are the cabin crew, what will you do?

知识链接

机上免税品业务是航空公司积极拓展新型利润增长点的业务之一。机上免税品服务让旅客在国际航班上能买到价格低廉的免税品，不仅节省了购物时间，也为其旅途增加了色彩。

免税品的销售过程，增加了乘务员与旅客沟通的机会，使旅客能感受到更全面、更立体的客舱服务，提高了旅客的满意度，树立乘务员专业、贴心的职业形象，提高了航空公司的品牌形象。

一、免税品概述　Summary of Duty Free Goods

免税商品，按照国家法律规定，duty free 指的是免征关税（tariff）的商品；而 tax free 指的是免征增值税的商品。本书所述的免税商品指的是航空公司根据国家法律的规定，在机上销售的各类免税品。

（一）免税品的分类　Category of Duty Free Goods

免税店经营的免税品品种，应由经营单位统一报经海关总署批准。免税店销售的免税进口烟草制品和酒精饮料内、外包装的显著位置上均加印"中国关税未付"（China Duty Not Paid）中、英文字样。

免税商品的范围涵盖烟草、酒水、化妆品、服装、皮具、首饰、手表等上万种商品。

（1）化妆品（cosmetics, perfumes and skincare）。包括香氛、护肤品、彩妆等。

（2）服装服饰精品（clothing and accessories）。涵盖服装、服饰、箱包、皮具、首饰、手表、太阳镜、打火机等数千个品种。

（3）烟草（tobacco products）。销售的烟草制品涵盖卷烟、雪茄、烟丝三个大类近 120 个品牌、500 多个品种，其中，雪茄品种达 400 多个。

（4）酒水（liquor）。酒水囊括了风靡全球的所有品类，如白兰地、威士忌、伏特加、力娇酒、葡萄酒、朗姆酒、龙舌兰酒等，丰富的品牌及产品为旅客提供了更多购物选择。

（5）小礼品与食品（gifts and chocolates）。来自世界各地的优质蜂蜜、蜂胶、鱼油、钙片、维生素等 20 多个品种的高品质保健品，以及巧克力、糖果等。

（二）我国境内免税店的主要形式　The Main Form of Duty-Free Shops in China

我国境内免税店的形式有多种，机上免税品服务属于运输工具免税店形式。

（1）口岸免税店。

（2）运输工具免税店。

（3）市内免税店。

（4）外交人员免税店。

（5）供船免税店及出国人员外汇免税店。

二、机上免税品服务　Inflight Duty Free Service

（一）机上免税品服务的规定　Regulations for Inflight Duty Free Service

（1）掌握所到国家海关规定，在各国境内不得销售免税品。

（2）未经当地海关许可，起飞前、降落后不得打开免税品车铅封。

（3）不得向旅客售卖超过个人免税额度的商品。

视频：机上免税品销售

(二) 机上免税品服务的流程 (Inflight Duty Free Goods Service Guidelines)

(1) 出港前根据岗位分工专人负责,领取并检查《免税品核销表》上是否有海关章、货物数量、铅封号码及配装员的签名,如缺项需及时报告带班(主任)乘务长。

(2) 检查免税品车铅封是否完整无损,铅封号码是否与核销表一致,否则不能打开车,并及时报告带班(主任)乘务长。

(3) 乘务员打开免税品车后按单据清点物品及销售工具(POS机、液体包装袋、计算器等),确定正确无误后再与免税品公司人员进行签字交接。

(4) 乘务员按机上免税品服务的规定出售免税品,一般在旅客餐水服务完毕后进行。

(5) 出售免税品前在普通舱进行客舱免税品广播,而头等舱和公务舱视旅客的休息情况决定是否进行免税品广播。

(6) 乘务员可采用推免税品车或手持《免税品购物指南》推介的方式在客舱进行销售。

(7) 结算时认真清点货物、货款,核实并签字。销售负责人要向(主任)乘务长汇报免税品的销售情况,并把免税品车使用专用铅封封好、妥善安放,在航班结束后应按照规定缴纳海关所需单据、归还相应单据物品。

(三) 机上免税品的支付 Inflight Duty Free Goods Payment

一般情况下,旅客在飞机上购买的免税品有如下两种支付方式。

1. 现金支付 Cash Payment

不同的航空公司可接受的现金币种不同,例如,乘坐国内航空公司航班的旅客在飞机上购买免税品使用现金进行支付时,航空公司可以接受的现金有人民币、美元、欧元等。

乘务员应注意不收残缺的货币,熟悉当日汇率并按规定进行核算,注意货款当面点清、账面清楚。

2. 信用卡支付 Credit Cards Payment

(1) 信用卡的种类。

① 美国运通卡(American Express, AE)。

② 国际大来俱乐部卡(Diners Club International, DCI)。

③ 日本JCB卡(Japan Credit Bureau, JCE)。

④ 维萨卡和万事达卡(Visa/Master Card, MASKA)。

(2) 刷卡机的使用方法。

① 乘务员接收信用卡时,首先检查信用卡左下方的"VALID THU"显示的月/年有效期,确保此卡在有效期内,可以使用。

② VISA及MASTER购物单第一张撕掉作废,剩余三联,请旅客签名后,将黄色一联交给旅客,其余(蓝、白色联)放在销售车内。

③ AE及DCI购物单请旅客签名后,将第一联交给旅客,其余放在销售车内。

④ JCB购物单请旅客签名后,将第三联交给旅客,其余联放在销售车内。

⑤ 使用信用卡金额范围为15~500美元,金额的填写必须是美元或港币。

⑥ 为防止假卡出现,乘务员在购物单下方填写旅客护照号码、国籍。

三、邮购服务　Mail Order Service

为了扩大销售，很多航空公司在机上或线上提供邮购服务，旅客只需在指定网站下单或在机上将预购物品单交给乘务员即可。

四、售卖注意事项　Notes for Sales

在免税品销售过程中，应注意不要大声叫卖、过度推销，以免影响旅客休息；注意客舱秩序，避免围观抢购；乘务员要主动给旅客提供收据；在识别现金时，注意动作，避免引起旅客的不满。

实践演练

1. 在从上海前往旧金山 MU312 的航班上，有一位老年旅客请你帮忙填写一份入境表格（见二维码）。

2. 两人一组扮演乘务员，推一辆免税品车；其他学生扮演旅客；开展免税品售卖服务训练。

资料：美国出入境表格 I-94

学习小结

在国际航班服务中，乘务员不仅要面对来自不同国家、不同文化背景、不同肤色、不同语言、不同生活习惯的旅客，还承担了更多的服务工作：出入境表格发放与填写指导、免税品售卖等。这要求乘务员能熟练掌握并遵守各国出入境海关、移民、检验检疫的相关规定，解答旅客的询问，协助旅客做好入境的准备，这些服务工作有助于航空公司树立良好的形象。

课　业

1. 请列举常见免税烟酒、香水、化妆品、护肤品的品牌。
2. 请列举中国、澳大利亚、美国、英国、日本的免税额度规定。

模块八 常见投诉与处置
Module 8 Service Lapses and Recovery

○ **学习目标**

- 知识目标
    1. 能够正确看待和分析旅客的投诉。
    2. 了解旅客的服务需求与投诉心理。
- 能力目标
    1. 掌握投诉处置的原则。
    2. 掌握投诉处置的方法。
- 素养目标

    具备良好的职业道德和公关意识。

任务引导

在民航服务工作中,再优秀的乘务员有时也会因工作疏忽、行为欠妥、措辞失当或未能及时、全面地满足旅客的某种需要而使旅客感到不满,产生怨言。如果乘务员处理不当,就会激化矛盾,形成冲突。最终必将影响服务质量和民航企业的形象。本任务指导学生正确看待和分析旅客的投诉、了解旅客的服务需求与投诉心理、掌握投诉处置的原则和方法,最终通过本任务的学习,让学生掌握妥善处理和解决矛盾的方法。

情境案例

供餐时,张女士用力推了几下椅背,让前排的周先生调整椅背角度,周先生很反感地回头看了一眼张女士,未理睬她的请求。

无奈张女士按了呼唤铃,请乘务员帮忙调直前排的座椅靠背。

乘务员对周先生说:"先生,麻烦您……"乘务员的话还没说完,周先生就很生气地打断了她:"你怎么这么讲话!我又不是第一次坐飞机,从来没听有这么一说。你应该向我道歉!你去告诉你们机长,我要投诉你!你叫×××,我记住你了!"

乘务员表示歉意,返回服务间,打电话向乘务长汇报了情况,同时做了下深呼吸,再次进入客舱,来到周先生身边:"先生,对不起。如果刚才我有什么失礼之处,请您多多包涵!我刚才的意思是想跟您商量一下,把座椅靠背调直,方便您后排的旅客用餐。您若不愿意也没关系,如果您觉得坐得不舒服,我可以帮您调换一个座位,让您可以好好休息,怎么样?"

周先生总算笑了,"好了,没事了。"

乘务员感谢了他又转向张女士:"女士,对不起,没能让您用好餐,我向您道歉。给您换一个宽敞一点的座位吧。"

事情总算解决了。

During meal service, Ms. Zhang pushed the Mr. Zhou's seatback which is in front of her, but Mr. Zhou just gave her a look and ignored her intention.

Ms. Zhang pressed call button and ask the cabin crew to get the seat back upright for her.

The cabin attendant tried, "Sir, would you please…" which was interrupted by Mr. Zhou unhappily, "how could you say that ! This is not my first time flying, you should apologize to me ! Go and tell your captain, I will complain, I remember your name ! "

The cabin attendant apologized before she went back to the galley and phoned the purser about the situation. And then took a deep breath, went to Mr. Zhou again: "Sir, I would you please bear with me if I have done or said something unproperly ? Just now I suggested you keep your seat back upright to give the convenience for the lady behind you to have a nice meal, I didn't mean to offend you. And it's all right if you are not willing to do so. I can change a seat for you to rest well if you feel uncomfortable here, how about that?"

Mr. Zhou gave a smile: "that's alright, forget it."

The cabin crew thanked him and turned to Ms. Zhang: "Madam, I'm sorry for the inconvenience, would like to change to a comfortable seat?"

That's lead to a happy ending.

● 思考

1. 分析乘务员解决问题的优缺点。
Try to analyze the cabin crew's service excellence and lapses.

2. 在处置乘客之间的矛盾时,乘务员应采取什么立场?
What should cabin crew maintain during a conflict between passengers?

3. 点评乘务员的处置技巧,说说她能成功化解旅客矛盾的原因。
Please state the cabin crew's technique in solving conflicts.

知识链接

旅客投诉是指旅客对服务过程中任意一个环节或行为,认为其损害了自身的合法权益,向公司反映情况或提出索赔及处理的请求行为。在处理旅客投诉之前,我们需要充分认识到旅客的投诉可能产生的影响,旅客的投诉心理以及他们的服务需求,然后根据投诉处置原则巧妙地处理投诉,化解矛盾,避免各种意外的发生。

一、正确看待和分析旅客的投诉　　Positive Attitude Towards Complaints

1. 旅客的投诉是"双刃剑"　　Passenger's Complaint Is a Double-Edged Sword

旅客的投诉是对民航企业工作有所不满而发出的抱怨。这些投诉一方面可能会刺激、伤害服务人员,使服务人员感到尴尬和不快,但从另一方面说,旅客的投诉对航空公司又是极为宝贵的信息来源,能给航空公司带来好处。具体来说,旅客投诉给航空公司带来的好处主要有以下几个方面。

(1) 旅客投诉可以凸显出航空公司在管理和服务方面的缺点,从而使民航企业获得进一步改正和提高。

(2) 如果旅客的投诉能获得圆满解决,能增加他们对航空公司的满意度,从而降低对航空公司的负面影响。

不论是民航服务人员还是主管人员,都必须认清这样一个事实:旅客的投诉是民航业经营中最可能经常碰到的问题,所以必须予以重视,应诚心地接受旅客的投诉,并予以妥善处理。

2. 区分投诉和"挑刺" Distinguish Between Complaints and Picking

有的旅客虽然不满意航空公司的服务质量,却并不向航空公司投诉,这就很可能意味着该旅客已经对此航空公司失去了信心。因此,一定要对旅客的投诉抱有正确的认识,不能不加分析地统统将投诉看作旅客故意"挑刺",如果误认为旅客"挑刺",那就会造成更大的纠纷。

例如,面对要投诉的旅客,一位乘务员不由地脱口而出:"你们还想怎么样？你们是不是故意找茬？"此言一出,顿时激起了旅客的火气,他们大喊大叫起来,要求一定要向领导投诉。一下子,周围旅客纷纷起立观望,对航空公司的形象产生极坏的影响。

很明显,这位乘务员一开始就认为这几位有意见的旅客是在"找茬""挑刺",因此越来越不耐烦,直到最后酿成了更大的纠纷。可想而知,如此一来,这家航空公司失去的不仅是几位旅客,可能还有当时在场的其他旅客,而且这些旅客还会将他们对此航空公司的坏印象传给更多人,无形中做了负面宣传。

二、旅客投诉的心理需求 The Psychological Needs of passenger Complaints

任何旅客都是带着一定的需求来乘坐飞机的,当旅客觉得航空公司的服务不能满足其需求时,就会产生不满情绪并发出抱怨和投诉。

(一) 对服务效率的需求 Need for Service Efficiency

旅客在乘机的任一环节,都不愿尴尬地等待。如果等待的时间过长,而且没有服务人员过来关照,旅客就会产生不满。

(二) 对服务态度的需求 Need for Service Attitude (Respect)

任何旅客对服务人员的服务态度都有一定的要求,服务人员的行为和态度对旅客的服务心理及满意度影响很大。如果服务人员态度恶劣,必然会使旅客感到不满。

对于航空公司来说,当然最好是在投诉尚未发生之前就做好各方面的工作,力争把产生投诉的可能性减少到最低程度,这是一种理想的状态。对于任何民航企业来说,投诉几乎是不可避免的。鉴于此,为了有效应对、解决旅客投诉的问题,民航服务人员还必须了解旅客投诉时的一般心理。

通常来说,旅客在投诉时有以下三种不同的心理需要。

1. 求尊重的心理 The Needs of Being Respected

旅客在采取了投诉行动之后,希望别人认同他的投诉是对的,他是有道理的,希望得到同情、尊重,希望有关人员、有关部门重视他的意见,向他表示歉意,并立即采取相应的措施。

2. 求发泄的心理 The Needs of Catharsis

旅客在碰到他们烦恼的事情,或是被讽刺挖苦,甚至被辱骂之后,心中充满了怨气与怒火,他们想利用投诉的机会发泄出来,以维持他们的心理平衡。

3. 求补偿的心理 The Needs of Being Compensated

旅客受到一定的损失,希望得到补偿,继而向有关部门投诉,这是普遍的心理。

总之,想要妥善处理好旅客的种种不满与投诉,就必须要充分了解旅客的内心想法,从而对症下药,获得一个圆满的结果。

三、投诉的处置原则　Principles in Dealing with Complaints

无论是由于有形的产品还是无形的服务引起的投诉,乘务员应掌握的处置原则是一致的。

1. 首问负责　Responsible

在处理投诉时,第一个被询问的乘务员即为首问责任人。要求首问责任人对旅客提出的问题或要求,无论是否是自己职责(权)范围内的事,都要给旅客一个满意的答复。不得借口推诿、拒绝或拖延处理时间。

2. 及时汇报　Promptness

采取及时汇报的主要目的在于提高投诉处理的效率,避免因内部各环节沟通不及时或不顺畅导致"脱节"现象的出现。汇报时,要求内容准确无误,不得瞒报和拖延不报。

3. 有礼有节　Courtesy

带着问题和要求来投诉的旅客,态度难免会不好、心情急躁。此时,乘务员要学会审时度势,具体情况具体处理,展现出良好的职业素质。要求乘务员耐心倾听、积极应对,在任何情况下不采取过激的语言行为。

4. 换位思考　Considerate

站在旅客的立场想问题,学会换位思考,想旅客所想、急旅客所急。

5. 快速行动　Action

探寻旅客希望解决的方法,一旦找到,征求旅客的同意。如果旅客不接受你的办法,真诚地询问旅客有什么提议,无论你是否有权决定,让旅客随时清楚地了解事情的进展。如果你无法解决,可推荐其他合适的人,但要主动代为联络。

四、投诉的处置方法　Methods of Dealing the Complaints

处理旅客投诉的方法可分为七个步骤。

1. 不要与旅客争论、辩解　No Arguing

无论旅客是对乘务员还是其他方面进行投诉,当事人应该马上离开现场。一定不要与旅客争论不休,可以请更高级别的管理人员出面解决,以表示重视。

2. 认真聆听　Listen First

要详细了解旅客投诉的原因,认真听取旅客的诉求,让旅客感到公司重视他提出的问题。

3. 真诚道歉　Apologize Sincerely

在了解了旅客投诉的原因时,要表示出同情和歉意。在听旅客诉说的时候,要温和地注视旅客,并不时点头,同时向旅客说:"为此事,我们非常抱歉,我们非常理解您现在的心情"等。

4. 立刻采取措施　Take Actions

航空公司负责出面解决问题的人员应该有权利对投诉的问题立即进行处理,同时把采取的措施与具体内容告诉旅客,让旅客知道航空公司对此事的态度,从而减轻旅客的不满程度,并产生对航空公司的信任与感激之情。

5. 感谢旅客的批评指教　Be Grateful for Passengers' Feedback

无论旅客是基于何种心理去投诉,在客观上都起到了帮助航空公司改正缺点、改进工作、完善服务的作用,因此,要向旅客表示真诚的谢意,感谢他们的提醒与建议。

6. 将补救措施立即付诸行动　Fast Recovery

了解清楚旅客的投诉情况后,要果断采取补救的措施,视情况对旅客给予补偿。补救措施实施后,要尽快再次征求意见,询问旅客的满意程度。

7. 要落实、监督、检查对旅客投诉的具体解决措施　Follow Up

处理旅客投诉并要获得良好的效果,其最重要的一环便是落实、监督、检查已经采取的纠正措施,有了良好的监督机制,才能确保正确的补救措施得以真正的执行。

五、常见投诉的处置规范　Principles for the Handling of Common Complaints

(一) 不正常航班　Irregular Flight

不能按公布的时间正常起飞或到达目的地的航班称为不正常航班。其产生的原因可能是承运人的原因,如机务维修、航班调整、商务、机组等;也可能是非承运人的原因,如天气、突发事件、空中交通管制、安检、旅客、公共安全等。

不正常航班旅客心理表现为:焦虑、恐惧、怀疑、愤怒、冷静……其群体特征为从众互动、随意无序、情绪失控甚至冲动爆发。

我们在处理时应遵循如下原则。

1. "两要"原则

(1) 要诚实诚信。

(2) 要尊重旅客的感受。

2. "两不要"原则

(1) 不要过度反应。

(2) 不要过度承诺。

处理时应从如下四方面入手。

(1) 信息服务,保障旅客的知情权,避免连哄带骗引起旅客的反感。

(2) 态度诚恳,旅客不仅关注事实真相,更关注乘务员对不正常航班发生后的态度,处理的诚意。

(3) 沟通理解,从旅客角度出发,从旅客的立场思考问题,并积极保持沟通,努力争取化解矛盾。

(4) 动情,处置的方法应更具人性化,根据相关规定及时提供如饮用水、餐食、住宿、退改签、地面交通、延误补偿等服务,赢得旅客的理解。

(二) 洗手间使用问题　Lavatory Issues

当发生经济舱洗手间排队过长的情况时,乘务员应主动向排队旅客了解正在使用的洗手间的占用时间等情况,必要时需检查以防洗手间不正常情况发生。

乘务员应养成敲门的习惯,敲门三下,停顿三秒,询问:"请问里面有人吗?"

（1）如有人，可以告知："好的，对不起打扰您了，因为您在洗手间时间有点久，我担心您的安全。您如果需要帮助请告诉我。"（I'm sorry to disturb you, Sir/Madam, please do not hesitate to call me if you need any assistance.）等旅客出来后，及时进洗手间按照规范检查卫生和安全，完成后，向等候的旅客表示歉意。

（2）重复三轮，如无应答，应开启洗手间门插销，停顿两秒后推门进入检查。

由于排队过久，对有需要的老弱病残孕及其他需要帮助的旅客可以安排其前往前舱洗手间，但应注意空防安全，并遵循机组、两舱旅客优先的顺序，不影响其他两舱旅客的使用便利。

（三）客舱温度问题　Cabin Temperature Issues

夜航、长途航线或从热带地区出发的航班中，常会发生旅客抱怨客舱太冷，乘务员应主动致歉，耐心寻求解决方法。

如果是个别情况，可以为相关旅客提供毛毯；有时也会发生旅客普遍反映温度过低，从而产生毛毯紧缺的情况；乘务员应及时向乘务长汇报，申请适当调高客舱温度，并及时告知旅客，以缓解在温度缓慢升高过程中旅客的情绪。

同时需多关心询问旅客感受，必要情况下提供热水，若旅客衣物不足也可提供乘务员自己的衣物帮助旅客，以实际行动赢得旅客的理解，甚至感激。

（四）旅客衣物受损问题　Passenger Clothing Damage Problem

在服务过程中，可能发生旅客衣物受损的情况，可能是由于天气颠簸乘务员不小心污损了旅客衣物，也有可能在递接饮料时旅客没能拿稳而污损，还有可能乘务员工作失误导致旅客衣物受损。

不论何种原因，乘务员必须要遵循以下原则。

1. 冷静处理，及时沟通

保持冷静，不争执对错过失，及时与旅客沟通好，确保矛盾不升级；关注旅客第一，不争个人得失。

2. 机上处理，留下证据

尽可能在机上有旁观旅客的见证下，及时、正确地处理分歧，确保旅客接受处理结果甚至满意。必要情况下，乘务长可使用衣物清洗费权限，主动和旅客沟通，在物质和精神上安抚旅客；对于当时的证据，如旅客证词、现场照片视频，应确保留好证据，以便航后跟进。

（五）问题餐食的处理　Meal Problem

旅客用餐时发现餐盒内有异物，或因餐食不洁产生腹泻、呕吐等后续症状，甚至因异物受伤等问题，乘务员在处理时需遵守以下原则。

1. 旅客第一，及时处理

首先应确保旅客健康第一，安全第一，如发生腹泻、呕吐或受伤等症状，应在第一时间处理。

2. 诚恳道歉，共情处置

当旅客因餐食质量而产生不满，应表达真诚歉意，并做自我介绍以表示对旅客的重视。多从旅客角度考虑问题，并积极利用机上资源处置，尽可能为旅客提供补偿性服务。

3. 全程关注，后续跟进

飞行过程中多关注旅客的感受，表达关心与重视，必要时乘务长应出面协调处理。如无法在机上妥善处理，应主动向旅客提供公司运行质量部门的投诉电话或公众号，为旅客提供倾诉和事后处理的平台；乘务组也应详细记录，并保留相关证据（如：发生腹泻等症状人数、食用的是何种餐食、牵涉的餐食实物等）；航后乘务长应及时与值班经理或相关部门工作人员汇报沟通，以便及时、有效地处理旅客的投诉。

（六）调换座位问题　Change Seat Issues

旅客在登机时，往往会向乘务员提出调换座位的需求。通常处理时应遵循以下原则。

1. 安全首要前提

我们应首先考虑出口座位的管理规定，在满足安全的前提下，视情协助调整座位。

2. 自愿原则前提

调整座位，对于被调换者和主动要求调换者来说，均应是出于自愿为前提的调换座位，乘务员起到协助协调的作用，不得为满足一方旅客需求，而强行要求另一方旅客配合调换座位；可以尽可能多试试，为旅客真诚做出努力。

3. 合适时机前提

在登机时，乘务员忙于问候旅客，协助摆放行李，以及监控客舱安全，且此时旅客配载不明确，所以登机时并不是最好的调货座位的时机。通常，我们建议旅客先入座，不影响他人登机；待起飞后，再视情协助旅客。

（七）对待抱怨的旅客的态度　Attitude Towards the Complaining Passenger

抱怨的旅客往往需要倾诉，如果不能妥善处理，则会使其不满情绪加剧，从而使本可以化解的小问题发展成为大问题、大投诉。

1. 耐心倾听，设法改变

倾听旅客的抱怨的同时，有助于我们了解具体的情况，也能进一步了解旅客的需求、诉求；对待旅客抱怨，应尽可能设身处地地为旅客化解，如有误解，应积极解释以改变旅客的偏见。

2. 及时报告，妥善处理

当乘务员通过个人努力不能为旅客解决问题时，应及时报告给乘务长，以便妥善处理旅客的抱怨；即使有不能在机上解决的问题，也可以告知旅客可以寻求解决的途径或平台，让旅客了解航空公司为旅客服务的诚意。

（八）平等对待　Serve with no Difference

当遇到机上有重要旅客、航空公司内部旅客或乘务员自己的家人朋友时，切记要注意旁边旅客的感受，不能让旁边的旅客有亲疏感，也不能对这些"重要旅客"格外关注、格外热情、长时间交谈，或违规提供与其舱位不符的服务。

（九）旅客赠物、邀请　Passenger's Gift and Invitation

对待有些热情的旅客赠送的礼物和小费，应婉言谢绝，并表示谢意；当旅客坚持赠予，诚意难却，应及时报告乘务长，航后上交礼品，切不可贪小而有失乘务员形象；个别旅客会邀请乘务员游玩或去做客，乘务员应告知公司规定予以婉拒，不应擅自交流联系方式，擅自在休息地与陌生人外出以确保个人人身、财产安全。

实践演练

由5名学生组成乘务组,其余学生扮演旅客,分小组模拟各种投诉情况的处理。

问题思考:

服务业都说顾客是上帝,但如果我们的上帝旅客提出过分的要求,乘务员是否应无条件忍受?怎样在处理旅客投诉的同时保护好乘务员自身权益?谈谈你的看法。

学 习 小 结

在民航服务过程中,即使乘务员十分注意,加倍小心,也难免碰到各种无法预料的突发事件,民航服务人员每天接待的旅客不仅数量多,而且差别大,这些人来自四面八方,有着不同的职业、生活环境、经济条件、教育背景、性格习惯和饮食口味,因而对服务的需求千差万别,在实际工作中,我们必须因人而异,善于处理因自己的工作失误而导致的旅客抱怨,如果在每一次服务中,乘务员都能做到有条不紊,减少乃至杜绝手忙脚乱的无序现象,有效防止各种矛盾的出现并在矛盾出现时知道如何正确处理,那将使得民航服务的水平再上新台阶。

课 业

由5名学生组成乘务组,其余学生扮演乘客,每组练习至少2种情况下旅客投诉的处置。

要求:运用所学知识分析乘务员的处置方式,找出优劣点,优点加以普及,缺点加以指正。

模块九 客舱安全管理
Module 9 Cabin Safety Management

○ **学习目标**

- 知识目标
  1. 能够掌握客舱安全检查的程序。
  2. 能够掌握出口座位旅客的要求。
  3. 能够掌握客舱安全示范的广播词播音。
  4. 了解客舱安全管理条例。
- 能力目标
  1. 能对旅客进行起飞、落地前的客舱安检。
  2. 能进行动作规范的安全演示。
  3. 能开展中英文双语的出口座位旅客确认。
- 素养目标

  培养乘务员必备的安全意识，牢牢守住航空安全底线，坚决把习近平总书记提出的"两个绝对安全"落在实处。

任务一　客舱安全检查
Task 1　Cabin Safety Check

任务引导

客舱安全是飞行过程中的重中之重,乘务员的安全意识对于正常飞行而言是十分重要的。起飞、落地前的安全检查是乘务员安全意识对旅客的直接体现。"客舱安检"环节之所以必不可少,是因为它是对旅客安全的基本保护。该任务从客舱安全检查的内容出发,对学生进行教学;并以双语要求学生完成客舱安全检查;学生除了掌握安全检查的内容之外,还需知晓每项安全检查内容设置的依据。通过对该任务的学习,学生能够掌握相关的服务要求和技能。

情境案例

2013年7月6日,飞往美国旧金山的航班,在落地过程中,飞机冲出跑道,发生空难,两名中国籍女高中生因未系安全带被弹出舱外,导致当场死亡。

On 6 July, 2013, a flight over shot the runway when landing in San Francisco International airport. 2 Chinese senior middle school girl students were ejected outside the cabin for not wearing the seat belts and died at the scene.

- 思考

1. 在乘机的过程中,系好安全带真的这么重要吗?
Is seat belt so important during flying?
2. 除了系好安全带,旅客还应做到什么?
Besides for fastening seat belt, what safety measures should passengers take?
3. 为什么安全带救了其他旅客的生命?
Why the seat belts saved the lives of other passengers?

知识链接

起飞、落地前的客舱安全检查是每个航班中必不可少的环节,乘务员根据安全检查的标准对旅客进行检查,这不仅保障了航班的安全飞行,也是对旅客自身安全的必要保障。

乘务员在客舱中,从前往后进行客舱安全检查,后由乘务长进行全舱的复检。乘务员要充分认识到客舱安全检查的重要性,并掌握每一条安全检查内容设置的依据。

一、座椅　Seat

1. 对旅客的指导语

请您调直座椅靠背,放下座椅扶手。

Please put your seatback to the upright position, put down your armrest.

2. 调整座椅的依据

当飞机落地时会以非常快的速度滑行,由于惯性,身体可能会与客舱设备发生冲撞。而当紧急情况发生或飞机冲出跑道时,惯性必然会导致身体与设备的冲撞,以至于不同程度的受伤。这就要求我们能第一时间做好防冲击姿势来保护自己。

防冲击姿势有两种:第一种,双手交叉抓紧前排座椅,头俯下,两脚用力登地,见图9-1(a);第二种,头靠椅背,双手抓紧座椅扶手,两脚用力登地,见图9-1(b)。

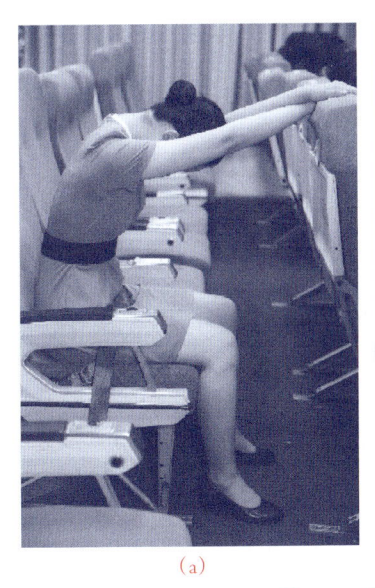

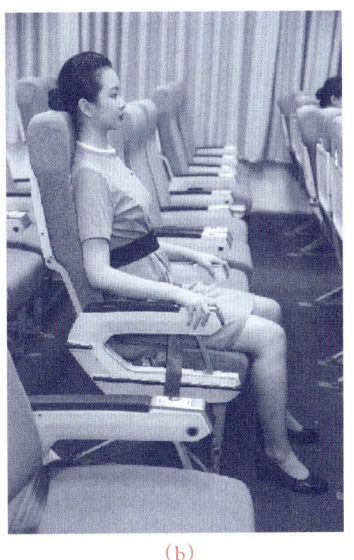

(a) (b)

图 9-1　防冲击姿势

Fig 9-1　Brace position

为了在紧急情况下,能最快的做到防冲击姿势,所以要调直座椅靠背,放下座椅扶手。

二、安全带　Seat Belt

1. 对旅客的指导语

请您系好安全带。

Please fasten your seatbelt.

2. 系好安全带的依据

在冲撞发生时,对旅客起到固定、保护的作用。注意:安全带应系在大腿根部,而不是腹部。

145

三、小桌板　Tray Table

1. 对旅客的指导语

请收起您的小桌板。

Please stow your tray table.

2. 收起小桌板的依据

(1) 在紧急撤离发生时,小桌板会成为障碍物。

(2) 飞机落地,发生冲撞时,小桌板有可能会撞伤旅客。

四、遮光板　Window Shade

1. 对旅客的指导语

请打开遮光板。

Please open the window shade.

2. 打开遮光板的依据

(1) 当飞机以不正常状态落地时,可能会失火,从而引发火光,这会导致当旅客离开客舱时有短暂的失明,从而耽误了撤离时间。打开遮光板可以使旅客能马上适应机外光线。

(2) 方便乘务员观察机舱外的情况。

五、电子设备　Electronic Device

1. 对旅客的指导语

请保持您的手机处于飞行模式。

Please keep your mobile phone in flight mode.

2. 保持飞行模式的依据

手机若不在飞行模式的状态下,会不断地搜索信号,而干扰飞行导航系统。

知识拓展

1. 紧急出口座位旅客的挑选要求

由于坐在紧急出口座位的旅客,在紧急情况发生的时候需要成为援助者,打开应急出口,并协助旅客撤离,所以对紧急出口位置旅客有一定的选择要求,以下人员不得坐在紧急出口位置。

(1) 老人。

(2) 孕妇。

(3) 重病患者。

(4) 残障人士。

(5) 高度近视的人。

(6) 未满 16 周岁的旅客。

(7) 智力有障碍的人。

(8) 不能运用机上多数人群所普及的语言的人。

2. 紧急出口行李要求

紧急出口位置在紧急情况发生的时候,会立刻成为撤离的通道,位置上的任何衣物及行李都会成为撤离的障碍物。所以,紧急出口位置不得放任何行李及衣物。

实践演练

对坐在座位上的同学进行常规客舱安检。

要求:安全检查的各项内容。

问题思考:

1. 在起飞前,1 名常旅客表示不愿意调直座椅靠背,应该如何对他进行解释?
2. "夕阳红"旅行团坐在紧急出口的位置,应如何解决?

视频:客舱安全检查

任务二　出口座位旅客确认
Task 2　Exit Passenger Evaluation

任务引导

当紧急情况出现时,在出口座位的旅客将成为客舱乘务员最好的援助者,为了确保出口座位撤离时的畅通与顺利,根据相关规定,要对出口座位旅客需进行评估。乘务员需要掌握出口座位旅客资质的评估标准和确认技能。

情境案例

登机时,乘务员小李想要为坐在应急出口座位的王大爷调换座位,但王大爷认为小李歧视他,不愿意配合……

During boarding, Crew Li tried to change seat for an elderly passenger Wang who seemed unqualified as an exit seat occupant. But Mr.Wang was too upset to do so because he deemed Li's behavior as discrimination...

147

> **思考**
>
> 乘务员应如何完成出口座位旅客的确认的同时又不冒犯旅客？
> How can the crew conduct exit passenger evaluation without offending passengers？

知识链接

在紧急出口旅客入座后至舱门关闭前，乘务员应第一时间对其进行评估，包括目视评估和口头评估。

一、出口座位旅客确认　Exit Passenger Evaluation

1. 不适合坐在出口座位的旅客　Unsuitable Exit Passenger

如确定某位旅客可能存在下列情况之一，不得安排该旅客坐在出口座位。

（1）旅客的双臂、双手和双腿缺乏足够的运动功能、体力或灵活性导致下列能力缺陷。

① 向上、向下和向旁边接触不到应急出口位置和应急滑梯操纵设备。

② 不能握住并推、撞、拉、转动应急出口舱门操纵设备或不能打开应急出口。

③ 不能把与机翼上方出口尺寸和重量相似的障碍物提起、握住、放在旁边的座椅上，或把它越过椅背搬到下一排去。

④ 当移动障碍物时不能保持平衡。

⑤ 不能迅速地到达应急出口。

⑥ 在滑梯展开后不能固定该滑梯。

⑦ 不能帮助他人使用滑梯离开飞机。

（2）旅客不满 15 周岁，如没有陪伴的成年人、父母或其他亲属的协助缺乏履行上述一项或多项能力。

（3）旅客缺乏阅读和理解"应急出口旅客须知"卡片，或缺乏理解机组口头命令的能力。

（4）旅客不具备良好的普通话理解能力和表达能力（如外国人）。

（5）旅客视力不佳，必须通过视觉器材（隐形眼镜或普通眼镜除外）的帮助才能拥有足够的视觉能力。

（6）旅客缺乏听觉能力，必须通过听觉器材（助听器除外）的帮助才能拥有足够的听觉能力。

（7）旅客缺乏将信息口头传达给其他旅客的能力。

（8）旅客需照料小孩。

（9）遣返旅客、在押犯人及对其押解的人员。

（10）过度肥胖的旅客。

（11）男逾 60 周岁、女逾 55 周岁的旅客。

（12）该旅客不愿意或不能遵守出口座位规定。

（13）该旅客操作应急设备时可能会使其本人受到伤害。

2. 推荐坐在应急出口座位的旅客　Suitable Exit Passenger

（1）航空公司雇员，尤其是空勤人员。

（2）受过训练的武警、军人、消防队员等。

（3）其他具有良好体能的健康旅客，如教练员、运动员等。

二、出口座位旅客确认程序　Exit Passenger Briefing

旅客登机入座后，乘务员完成目视评估后，应立即开展口头评估。向出口旅客说明应急出口的打开方法和打开时间，提示其阅读出口座位旅客安全须知卡并进行自我对照，如旅客不适合或不愿意执行，可以对其说明情况并为其调换座位。

在出口座位就座的旅客应当具备的能力是指完成以下职责的能力。

（1）确定应急出口的位置和应急出口的开启机构。

（2）理解操作应急出口操作指令。

（3）操作应急出口。

（4）评估打开应急出口是否会增加对暴露旅客带来的伤害。

（5）遵循机组成员给予的口头指令或手势。

（6）移动或收藏固定应急出口门（以防阻碍使用该出口）。

（7）操作滑梯，评估滑梯状况，撤离滑梯展开后应保持其稳定，协助他人从滑梯撤离。

（8）迅速地通过应急出口。

（9）评估、选择并沿着安全路线从应急出口撤离飞机。

出口座位确认常用话术：

先生／女士，您好！您的座位处于应急出口，在紧急情况下，您需要协助乘务员打开出口帮助撤离，您愿意吗？这个红色手柄请不要触碰，也不要让其他旅客触碰；在起飞前请仔细阅读出口旅客座位安全须知卡，谢谢！

Good morning/afternoon, Sir/Madam, you are sitting in emergency exit area. In case of emergency, we'll need your assistance, will you help when needed？ Please do not touch this red handle, and don't let other touch it. Please read the exit seat safety instructions carefully before takeoff. Thank you！

实践演练

由5人组成一个乘务组，其中一人扮演乘务员，其他成员作为旅客，乘务员向4位旅客依次开展中英文出口座位确认。

视频：紧急出口位置介绍

任务三　舱门滑梯预位/解除预位操作
Task 3　Door Slide Operation

任务引导

舱门预位、解除预位是每一次航班运行中乘务员的重要工作任务,正确地按照规定操作,是每一位乘务员需要掌握的技能,不容忽视。

情境案例

某次航班到达,旅客已全部下机完毕,配餐车靠近机身,后舱乘务员打开舱门的瞬间,滑梯竟然充气并展开了……

When all passengers have disembarked, crew open the aft cabin door for catering. She was shocked by the sudden deployment of the slide…

● 思考

为什么会发生这种意外情况?

What is the reason caused the accident?

知识链接

舱门滑梯装在舱门下部的滑梯包内,当操作至预位 Arm 时,滑梯杆下降进入卡槽,这时打开舱门,滑梯自动充气,展开,适用于陆地撤离。根据相关规定,当旅客登机完毕,舱门关闭,此时需要将滑梯预位操作至 Arm 位,以确保滑梯处于自动状态,以备撤离使用;反之,当飞机降落后完全停稳,在开启舱门让旅客下机前,需要将滑梯解除预位操作至 Disarm 位,以使滑梯包脱离卡槽,上升返回客舱门内,处于 Disarm 状态时乘务员开启舱门,旅客可以正常使用廊桥或客梯车上下机。

一、A320 滑梯预位/解除预位操作　A320 Door Slide Mode Operation

旅客登机完毕,舱门关闭,乘务长下达口令:各舱门客舱乘务员操作滑梯预位并互检。

(一) A320 型舱门滑梯预位　A320 Door Slide Armed

(1) 拔出安全销(见图 9-2),放至存放位(见图 9-3),收藏红色警示带(见图 9-4:红色警示带外露：错误）。

（2）将滑梯预位手柄操作至 Arm 位（见图 9-5）。

（3）确认检查。

（4）交叉互检。

各舱门乘务员报告：左/右 X（数字）门滑梯预位，如 L1 门滑梯预位。

（二）A320 型舱门滑梯解除预位　A320 Door Slide Disarmed

飞机完全停止，发动机停车，乘务长下达口令：各舱门客舱乘务员解除滑梯预位并互检。

（1）将滑梯预位手柄操作至 Disarm 位（见图 9-6）。

（2）取出安全销，锁定手柄，红色警示带外露（见图 9-7）。

（3）确认检查。

（4）交叉互检。

各舱门乘务员报告：左/右 ×（数字）门滑梯解除预位，如 R2 门滑梯解除预位。

视频：A320 型舱门操作程序

二、B737 滑梯预位/解除预位操作　B737 Door Slide Mode Operation

旅客登机完毕，舱门关闭，乘务长下达口令：各舱门客舱乘务员操作滑梯预位并互检。

图 9-2　拔出安全销
Fig 9-2　Remove safety pin

图 9-3　放至存放位
Fig 9-3　Stow safety pin

图 9-4　红色警示带外露：错误
Fig 9-4　Red warning ribbon exposed：false

指示器显示"预位"
Visual indicator shows "ARMED" condition

滑梯预位手柄处于"预位"
Arming lever in the "ARMED" position

安全销放在存放位
Safety pin in its stowage

图 9-5　预位状态
Fig 9-5　Arm mode

151

图 9-6　将滑梯预位操作至 Disarm 位
Fig 9-6　Door slide mode to disarm

图 9-7　解除预位状态
Fig 9-7　Disarm mode

安全销锁定
Safety pin installed

指示器显示"解除预位"
Visual indicator shows "DISARMED" condition

滑梯预位手柄处于"解除预位"
Arming lever in the "DISARMED" position

（一）B737 型舱门滑梯预位　B737 Door Slide Armed

（1）斜挂警示带。
（2）取出滑梯杆，固定在地板卡槽内。
（3）交叉互检确认滑梯预位。

（二）B737 型舱门滑梯解除预位　B737 Door Slide Disarmed

（1）从地板支架内取出滑梯杆。
（2）固定在滑梯包挂钩上。
（3）将红色警示带横跨于观察窗上方。
（4）交叉互检确认滑梯解除预位。

解除预位、预位时的警示带、地板支架（卡槽）对比见图 9-8。

视频：B737 型舱门操作程序

图 9-8　B737 解除预位（左）、预位（右）对比图
Fig 9-8　B737 disarm(L), arm(R) mode

> 实践演练

1. 学生依次在舱门训练器上按口令练习 A320 预位、解除预位直至完全熟练掌握。
2. 学生依次在舱门训练器上按口令练习 B737 预位、解除预位直至完全熟练掌握。

任务四　安全演示
Task 4　Safety Demonstration

> **任务引导**

舱门预位操作完成，接到塔台命令后，飞机即可开始滑行。此时，航空公司需在客舱内向旅客播放安全演示（或称安全示范）视频，如遇无法播放视频或部分机型无配套设备的情况，则需乘务员在客舱内向旅客演示。安全演示是飞机起飞前的必备环节，《大型飞机公共航空运输承运人运行合格审定规则》规定，机组成员必须向旅客演示和解释紧急出口、安全带、氧气面罩等安全设备的位置、使用方法等（救生衣演示适用于延伸跨水飞行距海岸线 50 海里/93 千米的航班）。

> **情境案例**

航班起飞之前，乘务组在客舱内展示了专业、整齐的安全演示，旅客都在认真观看，有一位小朋友问家长："这些乘务员在做什么？"

During taxing, the crew members are demonstrating safety features of the aircraft while all passengers are watching carefully. A child asked his parents: "what are these crew members doing for？"

- 思考

乘务组如何才能在旅客面前呈现整齐、专业的安全演示过程？

How can the crew members ensure professional safety demonstration in unison in front of all passengers？

知识链接

安全演示是乘务组对旅客的一次集体亮相,整齐、专业的演练动作会给旅客留下深刻的印象。而安全演示本身更是对旅客的相关安全知识的专业指导,以便在紧急情况发生的时候,旅客能第一时间对自己进行救助。安全演示包括:救生衣、安全带、氧气面罩等应急设备的使用方法及脱出口位置的介绍。乘务员要掌握安全演示的广播词及所有的动作要领。

一、安全示范广播　Announcement for Safety Demonstration

女士们,先生们:

Ladies and Gentlemen,

现在,乘务员将为您介绍救生衣、氧气面罩、安全带的使用方法和紧急出口的位置,请注意我们的示范和说明。

We will now demonstrate the use of the vest, the oxygen mask, the seat belt and the location of the exits. Please pay attention.

救生衣在您座椅下面的口袋里。使用时取出,经头部穿好,将带子扣好、系紧。拉动充气阀门为救生衣充气,但在客舱内请不要充气。充气不足时,请将救生衣上部的两个人工充气管拉出,用嘴向里充气。

Your life vest is located under your seat, to put the vest on, slip it over your head, fasten the buckles and pull the strap tightly around your waist. Then pull inflation tabs. Please do not inflate it while you are in the cabin. Please do not inflate it while you are in the cabin. If your vest does not fully inflate, you can inflate it by blowing into the mouthpieces.

氧气面罩储藏在您头顶上方的壁板里,当发生释压时,面罩会自动脱落,请您用力向下拉面罩,然后将面罩罩在口鼻处,把带子套在头上就可以正常呼吸。请先为自己戴上氧气面罩,再去照顾您的孩子。

The oxygen mask is in the compartment over your head. It will fall down automatically when there is decompression. Pull the mask towards you firmly to start the flow of oxygen. Place the mask over your nose and mouth, slip the elastic band over your head. Within a few seconds, the oxygen flow will begin. First, put your mask, then attend to your children.

这是您座位上的安全带,请系好安全带,将安全带插片插入锁扣,请确保系紧。如需要解开,只需将金属扣向外打开,拉出连接片。

This is the seatbelt on your seat. To fasten the seat belt, insert the link into the main buckle. The seat belt should be fastened tight and low. To unfasten the seat belt, lift the flap and pull out the link.

本架飞机在客舱内共有6个紧急出口,位于客舱的前部、后部和中间。所有出口都有明显标志。当供电故障时,应急照明路径灯会自动亮起并指示您前往最近的出口。

There are 6 emergency exits on each side of the aircraft. They are located in the front, rear and middle of the cabin.All of the exits are clearly marked.If there is an electrical power failure,the emergency track lightening will illuminate and guide you to your nearest exit.

如需了解更多的安全信息,请在起飞前仔细阅读您椅袋中的安全须知,谢谢!

For further information,you can refer to the safety instructions in the seat pocket in front of you,please read it carefully before takeoff.

Thank you for your attention.

二、示范动作标准　Guidelines for Demonstration

1. 演示前的准备　Preparations Before Demonstration

右手拎安全演示用具包,左手拿救生衣。

救生衣的腰带应提前在服务间调好,检查腰围,分清救生衣的正反面,照明装置在左侧,救生衣锁扣位于身体右侧,白带子在前。

四指并拢伸直与手掌成 90 度角夹住带子与救生衣的中央顶部,拇指在外,救生衣置于身体左侧,大臂与小臂自然成 90 度角。

2. 乘务员出客舱　Crew Take Demonstration Positions

安全示范中文广播"现在"时,乘务员整齐排队出客舱(面带微笑),乘务员步入客舱到达演示位。

注:演示包可放在地面,或放在旅客小桌板。如需使用旅客小桌板,应与旅客成 45 度角,语言"先生(女士),我可以借用您的小桌板吗?"(Sir/Madam,may I use your tray table?)经旅客同意,表示谢意"谢谢"后,将演示物品摆放好,起身站立正对客舱后部,等候广播词然后再开始演示。

3. 乘务员站位　Demonstration Positions

带头等舱的 B737/A320 飞机,乘务员分别站于头等舱第一排、经济舱第一排、紧急窗口第一排客舱通道处;全普舱 B737/A320 飞机由两名乘务员在第一排和紧急窗口第一排的客舱通道处。

4. 结束

鞠躬致谢后,乘务员需将氧气面罩、安全带、安全须知卡装入演示包内(不拉拉链),右手拎拿安全演示用具包,将旅客小桌板收起,并表示感谢。位于紧急窗口第一排的乘务员先从右侧向后转身,在中部、前部的乘务员依次转身,统一退回前舱服务间。在服务间,将安全演示包进行整理后,拉好拉链,放回指定位置。

实践演练

1. 由 5 名学生组成乘务组,1 名乘务长播报广播词,3 名乘务员进行安全演示,1 名乘务员拍摄演示全程以检查、回放。

视频:安全演示

要求：动作整齐、能按号位准确地指出客舱紧急出口位置。
2. 两人为一组，一人负责英文广播词播报，一人负责示范动作演示。
要求：广播词流畅播报、动作关键词熟记。
问题思考：
1 名坐在出口座位的乘客带有随身行李，但表示是贵重物品，不愿意放在行李架上，应如何处置？

课　业

乘务组进行安全示范演示时，要求：站位及时到位，面带微笑，给人以安全感；广播与动作协调一致；表演要体现专业化，动作标准，整齐划一，显示训练有素；示范时要注意观察客舱，找好心目中的援助者。

任务五　客舱安全程序
Task 5　Cabin Safety Procedure

任务引导

在乘务员执行航班的全程，航空公司根据民航安全管理的相关规定制定了严格的客舱安全程序。

情境案例

旅客登机完毕，舱门关闭，飞机开始缓缓滑行，这时一位身着制服的地面工作人员焦急地来到前舱："乘务长，我还在机上，赶紧开门让我下去！"
The aircraft was slowly taxiing after the completion of passenger boarding while a uniformed ground crew turned up in forward galley: 'Purser, I am still on board! Let me get down!'

• 思考

1. 为什么会发生此种情况？
Why did this lapse happen?
2. 我们从案例中学到了什么？
What shall we learn from this case?

> **知识链接**

客舱安全程序涵盖航班任务四阶段,是确保每一个航班顺利完成、每一位旅客安全抵达目的地的基本。以下按照飞行阶段逐一介绍客舱安全程序。

一、飞行全程安全程序　Safety Procedure for All Phase

(一)客舱乘务组的任务　Crew Member's Task

(1) 了解和遵守中国民航法律、规范,以及航空公司发布的相关要求。
(2) 确认已携带相关有效证件、资料;明确岗位职责。
(3) 始终备有有效且及时更新的《客舱乘务员手册》,以便随时使用。
(4) 如有需要,应准确、清晰、规范地进行客舱广播。
(5) 确认旅客遵守电子设备使用规定。
(6) 禁止任何人员在飞机上吸烟。
(7) 严禁在飞机上使用锂电池移动电源。

(二)主任乘务长/乘务长的任务　Chief Purser's/Purser's Task

(1) 确保必要的客舱广播。
(2) 根据航班实际和飞行时间及颠簸管理的要求,合理安排或调整服务程序。

二、旅客登机前安全程序　Safety Procedure before Boarding

(一)客舱乘务组的任务　Crew Member's Task

(1) 完成与飞机机组、安保组协作。
(2) 在指定或合适的位置存放好值勤装具和机组行李。
(3) 完成飞行应急设备和服务设施的检查。
(4) 按照客舱乘务员与航空安全员分工区域和要求实施安保检查(参照航空器客舱安保检查单),核实外来人员证照;如发现异常,及时向安保组报告。
(5) 核实并清点机供品、机组用具,确保不超配载数量。
(6) 检查手推车,如有故障、制动不灵、超出限重等,应及时更换。

(二)主任乘务长/乘务长的任务　Chief Purser's/Purser's Task

(1) 听取乘务员对应急设备和服务设施的检查报告,与飞行机组沟通,确保设施设备符合运行标准。
(2) 查看《客舱设备记录本》(cabin defect log),向机务人员或飞行机组通报客舱设备不正常情况。
(3) 客舱准备完毕,应得到责任机长许可,方可允许旅客登机。

三、舱门关闭前安全程序　Safety Procedure before Door Closing

(一) 客舱乘务组的任务　Crew Member's Task

(1) 旅客登机时按规定分布在客舱内,关注旅客的动态,指引旅客入座。

(2) 确保旅客手提行李不放置在过道、出口及没有限动装置的隔间,及时关闭行李架并锁定;如旅客手提行李不符合规定,要及时报告乘务长/主任乘务长,通知地面工作人员来处理。

(3) 确认出口座位旅客的资格,若有需要,及时、合理地做出调整;向旅客介绍出口位置、脱出口的使用方法及打开时机,落实后报告乘务长/主任乘务长。

(4) 飞机加油时,如有旅客在机上,确保乘务员均匀分布在客舱各部位;如机上仅有1名乘务员,其位置应处于客舱内主登机门附近。

(二) 主任乘务长/乘务长的任务　Chief Purser's/Purser's Task

(1) 将旅客不符合规定的手提行李通知地面工作人员处理。

(2) 将旅客登机过程中的不正常情况、信息报告机长,并听从指示。

(3) 确认旅客齐、机组齐、文件齐,无外来人员和物品,所有行李妥善安置,与地面工作人员核实并完成必要的交接手续,得到机长关闭舱门的许可后方可关闭客舱门。

四、飞机地面移动前安全程序　Safety Procedure before Taxiing

(一) 客舱乘务组的任务　Crew Member's Task

(1) 关闭舱门前,确认门上的舱门警示带收好。

(2) 所有舱门关闭后,按照主任乘务长/乘务长指令操作并确认舱门预位,报告主任乘务长/乘务长。

(3) 客舱安全检查。再次确认旅客手提行李存放好,行李架关闭;回收并存放好所有的服务用品,确认供餐物品包括所有的餐车、储物柜等不在出口处和飞机过道上,且餐车、储物柜等在厨房服务间内锁定;确认旅客系好安全带,调直座椅靠背,收好小桌板、脚踏板、旅客个人小电视,扣好电视屏幕,打开遮光板(调整舷窗亮度);拉开、扣好门帘,固定好松散物品;盖上马桶盖盖板,确认洗手间无人并锁闭;打开隔板观察窗。

(4) 确认旅客遵守电子设备使用规定;通过口头、广播、图片标识等方式提醒旅客妥善保管电子设备,提示旅客如设备掉落座椅缝隙不要调节座椅,可呼叫乘务员处理等。

(二) 主任乘务长/乘务长的任务　Chief Purser's/Purser's Task

发出"请各舱门乘务员操作滑梯预位"的指令,操作并检查舱门预位,接收乘务员报告,确保必要的客舱广播。

五、飞机起飞前安全程序　Safety Procedure before Takeoff

(一) 客舱乘务组的任务　Crew Member's Task

(1) 完成安全演示;如需要,对旅客个别介绍(如特殊旅客);演示期间,客舱乘务员应停止客舱服务及检查。

(2) 确认已完成起飞前客舱安全检查工作。

(3) 向主任乘务长/乘务长报告各区域完全准备完毕。

(4) 除履行安全指责外,滑行期间,乘务员应在乘务员座位或经批准的位置上坐好,系好安全带、肩带,保持坐姿,监控客舱安全状况;发现异常情况时,及时报告主任乘务长/乘务长、机长。

(5) 起飞信号发出后,及时向旅客广播再次确认系好安全带。

(二) 主任乘务长/乘务长的任务　Chief Purser's/Purser's Task

(1) 确认已完成安全演示、已落实客舱安全检查工作。

(2) 调节客舱灯光。

(3) 及时向驾驶舱发出"客舱准备完毕"信号。

(4) 如仍未按时完成准备工作应及时向机长报告。

(5) 确保必要的客舱广播。

六、起飞后 20 分钟安全程序　Safety Procedure during Climbing

(一) 客舱乘务组的任务　Crew Member's Task

(1) 除履行安全职责外,起飞后 20 分钟内,乘务员应在乘务员座位或经批准的位置上系好安全带、肩带,保持坐姿,监控客舱安全状况;发现异常情况时,及时报告主任乘务长/乘务长、机长。

(2) 根据需要进行客舱广播。

(3) 如因旅客有特殊的生理需要,乘务员要告知旅客当时的飞行状态和提醒颠簸的危害后,在有条件的情况下,允许旅客使用洗手间。

(二) 主任乘务长/乘务长的任务　Chief Purser's/Purser's Task

(1) 确保必要的客舱广播。

(2) 向机长报告客舱的异常情况。

七、飞行中安全程序　Safety Procedure during Cruising

(一) 客舱乘务组的任务　Crew Member's Task

(1) 确保起飞后 20 分钟至落地前 30 分钟完成所有旅客服务程序。

(2) 按照颠簸管理的要求开展客舱服务。

(3) 夜间飞行时广播提醒旅客系好安全带并检查。

(4) 为有需要的旅客提供婴儿睡篮,并告知相关注意事项。

(5) 定时巡舱,包括出口、厨房和洗手间。

(6) 每隔一小时与驾驶舱进行沟通,了解航路颠簸信息,向机长报告客舱秩序的相关情况。

(二) 主任乘务长/乘务长的任务　Chief Purser's/Purser's Task

(1) 巡视客舱,了解状态。

(2) 向机长了解颠簸信息,汇报客舱秩序情况。

(3) 根据航班实际和颠簸管理要求,合理安排或调整客舱服务程序。

（4）确保必要的客舱广播。

八、落地前 30 分钟安全程序　Safety Procedure before Descent

（一）客舱乘务组的任务　Crew Member's Task

（1）完成所有旅客服务程序，飞机开始下降阶段后不再为旅客提供餐饮服务。

（2）已完成客舱安全检查：收回服务的餐具、杯子等物品；确认所有手提行李安全摆放好，行李架锁闭；存放好所有服务用具，确认供餐物品包括所有的餐车、储物柜等在厨房服务间内锁定；确认旅客系好安全带，调直座椅靠背，收好小桌板、脚踏板、旅客个人小电视，扣好电视屏幕，打开遮光板（调整舷窗亮度）；拉开、扣好门帘，固定好松散物品；盖上马桶盖盖板，确认洗手间无人并锁闭；打开隔板观察窗。

（3）除履行安全职责外，乘务员应坐在乘务员座位（或批准的位置）上系好安全带、肩带，保持坐姿，监控客舱状况。

（4）向主任乘务长/乘务长报告安全检查的情况。

（二）主任乘务长/乘务长的任务　Chief Purser's/Purser's Task

（1）确认已落实客舱安全检查。

（2）调节客舱灯光。

九、下降时安全程序　Safety Procedure before Touchdown

（一）客舱乘务组的任务　Crew Member's Task

（1）除履行安全职责之外，下降时，乘务员应坐在乘务员座位（或批准的位置）上系好安全带、肩带，保持坐姿，监控客舱状况；发现异常情况时，应及时报告主任乘务长/乘务长、机长。

（2）根据需要进行客舱广播。

（3）如因旅客有特殊的生理需要，乘务员要告知旅客当时的飞行状态和提醒颠簸的危害后，在有条件的情况下，允许旅客使用洗手间。

（4）听到着陆信号后，及时向旅客广播再次确认系好安全带。

（二）主任乘务长/乘务长的任务　Chief Purser's/Purser's Task

（1）及时向驾驶舱发出"客舱准备完毕"信号。

（2）确保必要的客舱广播。

十、着陆后安全程序　Safety Procedure after landing

（一）客舱乘务组的任务　Crew Member's Task

（1）飞机未在指定停机区域完全停止、"系好安全带"指示灯未熄灭、发动机未关车前应指示旅客继续坐好，不要打开行李架。

（2）听从主任乘务长/乘务长指令，操作并确认滑梯解除预位，报告主任乘务长/乘务长。

（3）开门信号确认后，执行开门程序，安全旅客下机。

（4）检查客舱，及时交接旅客遗留物品，将客舱设备归位。

（5）未经主任乘务长/乘务长批准，乘务员不得擅自离开飞机。

(6) 确认飞机上有旅客时地面停留期间的乘务员配备数。

(7) 离开飞机前,乘务员再次确认舱门状态,向主任乘务长/乘务长报告。

(二) 主任乘务长/乘务长的任务　Chief Purser's/Purser's Task

(1) 发出"请各舱门乘务员操作滑梯解除预位"指令,操作并检查滑梯解除预位,接收乘务员报告。

(2) 确保所有的设备故障已登记在《客舱设备记录本》。

(3) 接收乘务员关于舱门状态的报告,提醒乘务员将客舱设备归位。

实践演练

由 5 名学生组成乘务组,其余学生扮演旅客在客舱中进行客舱安全程序训练。

要求:掌握每一个阶段客舱安全程序的内容与标准。

问题思考:

在飞机爬升阶段,旅客向乘务员要温水用以服药,且表示服药时间有严格规定,不能延后,应如何处置?

任务六　客舱安全管理
Task 6　Cabin Safety Management

任务引导

客舱乘务员的职责定位为:客舱乘务员是机组必须成员,是保障飞行安全的人员之一。客舱乘务员的主要职责是保障客舱安全,飞行全程应严格落实各项安全标准,同时在机长的领导下,协助机长和空中保卫人员做好航空安全保卫工作,切实保障自身、全体乘客和飞机的安全。当安全职责和服务职责冲突时,首要完成安全职责。

情境案例

飞机刚刚落地,正在滑行中,有名旅客站起来想要打开行李架拿取行李。乘务员多次通过广播提醒,该旅客仍不坐下。这时,行李突然从行李架上掉落,砸伤了下方的旅客。事后,受伤旅客对乘务组进行投诉,认为是乘务组的监管不当,导致自己受伤,乘务组要负一定的责任。

A passenger was trying to open the overhead compartment to take his baggage while the aircraft had just landed and was still taxiing. The cabin crew made announcement to remind him repeatedly. But the passenger didn't listen to the reminder and unfortunately the baggage suddenly dropped and hurt a lady passenger underneath. The injured lady wrote a complaint against the crew members for not conducting their duties and asked for compensation for her injury.

● 思考

1. 本案例中,乘务组需要对该受伤旅客负监管责任吗?
In this case, should the crew be responsible for the lady's injury？

2. 乘务员在工作中的首要责任是什么？
What is the first priority of the cabin crew' duty？

知识链接

在飞行期间,责任机长负责领导机组的一切活动,并对机上的旅客、机组成员、货物、飞机的安全以及带领飞行机组和乘务组通力合作,确保旅客旅行的安全与舒适。

影响航班正常飞行的因素有很多,机组人员应运用专业的知识来处理问题,保障客舱的安全。

视频:客舱安全管理

一、不安全行为的处置　　Standard Operation Procedure for Unsafe Act

不安全行为是指旅客在飞机上违反有关航空安全规定,危害或有可能危害民用航空器飞行安全或秩序,危及自身、其他乘客、机组人身安全或财产安全,须立即加以制止的行为。例如,飞机在滑行、起飞、降落等关键阶段开启行李架提拿行李、开启手机电源、在客舱中站立、走动,以及发生颠簸时仍在客舱走动、排队上洗手间等违反客舱安全的行为。

(一) 处置原则　　Operation Principals

乘务员须遵循安全第一的原则,立即停止手头工作,迅速采取有效措施对旅客的不安全行为加以制止,行动需快速、语言需坚定、有力,体现紧迫感,达到旅客停止不安全行为,切实保障客舱安全的目的。

(二) 具体处置措施　　Operation Procedures

(1) 飞机在滑行、起飞、降落等关键阶段或遇到颠簸时,乘务员应注意观察客舱情况,如发生旅客在客舱中站立、走动、开启手机电源、打开行李架、排队上洗手间等一切违反客舱安全管理规定的行为,乘务员应遵循处置原则,立即对旅客的不安全行为采取广播、口头提醒或上前制止等快速、有效的处置措施。广播的语言须简洁明了、坚定且有力度。如广播或口头提示无效时,须及时上前进行劝阻、制止,维护客舱安全和大多数旅客的利益,避免发生意外事件。

视频:电子设备使用规定

(2) 如果通过广播、口头提醒或上前劝阻、制止等措施均无效时,乘务员应向违规旅客说明有关规定并请安全员予以协助,情节严重或造成一定后果的可按照非法干扰处置程序进行处置。

(3) 飞行过程中,当进行服务类广播时,如突然发生旅客违反客舱安全的行为时,乘务员应立即终止服务类广播及时提醒劝阻旅客。

(三) 注意事项　Notes

(1) 乘务员进行不安全行为提示广播时除了遵循一般安全类广播(如出口介绍广播、安全示范广播等)严肃、沉稳、体现职业化的风格外,还需坚定、有力,并体现紧迫感和紧张感,以达到客舱安全监管的有效性。

(2) 飞机在滑行、起飞、降落等关键阶段,除为了完成保障飞机和机上人员安全的工作外,客舱乘务员应当在规定座位上坐好并系好安全带和肩带;但当客舱中发生旅客违反客舱安全的行为时且使用广播提示无效的情况下,乘务员应在确认自身安全的情况下及时上前进行劝阻、制止。

二、危险品的处置　Standard Operation Procedure for Dangerous Goods

(一) 危险品的种类　Categories of Dangerous Goods

如果在客舱发现贴危险品标签或标志的行李,立即报告责任机长。

(1) 一类——爆炸品(explosives)。例如,信号弹、炸药、雷管、弹药、爆竹等,此类物品禁止空运。

(2) 二类——气体(gases)。例如,气瓶、潜水设备等。

(3) 三类——易燃液体(flammable liquids)。例如,酒、摩丝、香水、花露水、油漆等。

(4) 四类——易燃固体、易于自燃物质、遇水释放易燃气体的物质(flammable solids)。例如,火柴、镁粉、磷粉等。

(5) 五类——氧化性物质(oxidizing substances)和有机过氧化物(organic peroxides)。例如,漂白粉、消毒剂、玻璃纤维等。

(6) 六类——毒性物质(toxic)和感染性物质(infectious substances)。例如,杀虫药、疫苗、细菌等。

(7) 七类——放射性物质(radioactive)。例如,心律器电瓶等。

(8) 八类——腐蚀性物质(corrosive substances)。例如,水银、碱、硫酸、盐酸等。

(9) 九类——杂项危险物质和物品,包括危害环境物质(other dangerous goods)。例如,磁化物、干冰、锂电池等。

(二) 飞机上发现危险物品的处理　Dangerous Goods Emergency Response Guidance

(1) 一旦发现客舱内有危险物品,立即报告机长,由机长通知空中管制系统,选择就近机场着陆,在整个处理过程中应随时与驾驶舱保持联系。

(2) 机上危险品发生溢出、挥发、失火等危险时,乘务员需对客舱中的旅客进行安抚工作,同时合理调整旅客座位,避免旅客恐慌、大面积移动,从而影响飞行安全,必要时客舱经理(乘务长)应进行广播。

（3）确认危险品的性质，可以通过询问旅客了解情况。

（4）打开所有的通风孔，增加客舱内的空气循环，以确保舱内有毒气体的排出。如可能，可以为旅客准备一条湿毛巾捂住口鼻。

（5）准备好海伦灭火瓶，随时准备扑灭因危险品的溢出和挥发可能造成的火灾。

（6）用毛毯、聚乙烯袋（垃圾袋）将危险物品包好后，移至对飞机危害最小的部位。各机型危险物对飞机危害最小部位为后舱右侧舱门处。

（7）记录危险物品的处理经过和发现时间以备地面人员查询。

（8）做好着陆后的紧急撤离准备。

（9）处理危险物品应遵循如下原则。

① 接触危险物品时应戴好橡胶手套和防烟面罩。

② 当渗漏的危险物品发生反应时，可用毛毯、聚乙烯袋（垃圾袋）将危险物品包好，不要用布去擦，避免伤及皮肤。

③ 处理过程中，如出现火情，不要关闭通风孔，否则旅客会因缺氧和毒气窒息。

④ 处理完毕后要清洗双手（不能直接用水）。

三、非法干扰及扰乱行为　Unlawful Interference and Disturbance Behavior

（一）非法干扰行为　Acts of Unlawful Interference

非法干扰行为指危及民用航空和航空运输安全的行为或预谋行为，有以下几种。

（1）故意传递劫机、炸机等虚假信息，导致飞机飞行中断，危及飞行安全的行为。

（2）以暴力或恐吓等形式试图胁迫机组操纵飞机改变或偏离预定航线或目的地的非法行为。

（3）以任何方式在飞机上放置一种装置（爆炸装置等）或物质（易燃易爆等）导致危及飞行安全的行为。

（4）强行闯入航空器、机场或航空设施场所。

（5）企图犯罪而将武器或危险装置或器材带入航空器或机场。

（6）非法劫持航空器的行为。

（二）非法干扰之外的违规和不文明行为　Violation and Inappropriate Behavior

非法干扰之外的违规和不文明行为指在机场或航空器上不遵守行为规范，或不听从机场工作人员或机组人员指示，从而扰乱机场或航空器上良好秩序或危及飞行安全的行为。

非法干扰之外的违规和不文明行为包括可能危及飞行安全的行为和扰乱秩序的行为。

可能危及飞行安全的行为，包含但不限于：

（1）戏言劫机、炸机。

（2）未经许可企图进入驾驶舱。

（3）在客舱洗手间内吸烟。

（4）殴打机组或威胁伤害他人。

（5）谎报险情、危及飞行安全。

（6）未经允许使用电子设备。

(7) 违反规定开启机上应急救生设备。
(8) 其他可能危及飞行安全的行为。

扰乱秩序的行为,包含但不限于:
(1) 寻衅滋事、殴打旅客。
(2) 酗酒滋事。
(3) 在飞机上打架、性骚扰。
(4) 盗窃机上物品。
(5) 抢占座位、行李架。
(6) 强行登占航空器。
(7) 其他扰乱航空器运营秩序的行为。

实践演练

1. 由5名学生组成乘务组,其余学生扮演旅客在客舱中进行干扰飞行安全的行为,乘务员展开专业的处理。

要求:掌握对干扰飞行安全的基本处置。

2. 每5名学生组成乘务组,小组内展开安全事件处理的讨论。

要求:熟悉多种安全事件的处理方法。掌握特殊情况处置的语言技巧。

问题思考:

在联程航班上,过站旅客不下飞机,有名旅客表示想吸烟,应如何处置?

学习小结

客舱安全管理内容繁多,其核心宗旨:明确乘务员工作的最高职责是保卫客舱安全,保卫乘客安全。在实际岗位工作中要能够树立遵道德、守规章、讲奉献的价值观,严格按照相关法律法规规定的条例执行客舱安全管理与服务。

深度理解乘务员个人的客舱安全管理职责与任务,充分认识乘务组客舱安全管理工作中团队协作的必要性与重要性。

课 业

观看电影《空中监狱》,针对影片中的各类干扰安全飞行的剧情,展开讨论。

模块十 航线模拟训练
Module 10　Operating a Flight

○ **学习目标**

- **知识目标**

  掌握客舱服务基本技能、业务知识和服务规范。

- **能力目标**

  1. 具备特殊旅客、特殊餐食服务技能。
  2. 熟练掌握客舱服务技能、技巧和流程。

- **素养目标**

  1. 具有团队合作意识和较强的服务意识。
  2. 具有责任意识、安全意识和环保意识。

任务一 国际中长航线训练
Task 1 International Medium/Long-Range Flight

任务引导

国际中长航线飞行任务以双通道 B777-300 ER 飞机模拟舱乘务员 7 人制工作为例。该任务要求学员根据乘务工作内容、乘务工作规范、乘务工作流程执行航班飞行任务。学生通过实训演练,能够明确工作流程、服务程序,熟练掌握各服务内容的具体要求和相关技能。

要求学员以 7 人为乘务组执行航班经济舱服务任务(乘务长 1,经济舱前 3,经济舱后 3),教员合理安排两餐航班的旅客人数、餐食份数、特殊情况,乘务组在规定时间内完成航班任务。

知识链接

一、航线模拟乘务员 7 人制工作岗位和职责　Work Positions and Duty

工作岗位和职责如表 10-1 所示。

表 10-1　工作岗位和职责
Table 10-1　Work positions and duty

号位 Duty	座椅 Seat	卫生间 Lavatory	分离器 Slide	工作区域 Work Zone	检查项目 Check	控制板 Panel	应急设备检查 Safety & Emergency Equipment Check
PS1	L1	前	下达口令 L1	客舱管理、客舱服务、广播	前控制板、登机音乐、广播器、娱乐服务系统	L1	L1
SS2	R4			数客、前舱服务、厨房工作	演示包准备、机供品、饮料、餐食	前厨房	
SS3	L4		L4	前舱服务、安全演示、报纸杂志	前客舱卫生、行李架、安全带		客舱 L4

续表

号位 Duty	座椅 Seat	卫生间 Lavatory	分离器 Slide	工作区域 Work Zone	检查项目 Check	控制板 Panel	应急设备检查 Safety & Emergency Equipment Check
SS4	R4	L4 R4	R4	前舱服务、安全演示、洗手间	前客舱卫生、行李架、安全带		客舱 R4
SS5	L5		L5	后舱服务、安全演示、报纸杂志	后客舱卫生、行李架、安全带		客舱 L5
SS6	R5	L5×2 R5×2	R5	后舱服务、安全演示、洗手间	后客舱卫生、行李架、安全带		客舱 R5
SS7	L5			后舱服务、厨房工作	演示包准备、机供品、饮料、餐食	后厨房	

二、B777-300 ER 机型经济舱座位分布图　B777-300 ER Economy Class Cabin Layout

B777-300 ER 机型经济舱座位分布如图 10-1 所示。

三、工作程序　Flight Operations

1. 下达任务　Assign Duty
(1) 乘务组自我介绍。
(2) 教员下达任务：航班、航线、旅客人数、飞行时间、服务程序、特殊餐食、特殊旅客、休息班次等。
(3) 乘务长确认任务，致礼。

2. 客舱准备　Cabin Preparations
(1) 乘务长检查娱乐系统、检查广播器、检查登机音乐、打开灯光。
(2) SS2、SS7 检查和摆放安全演示设备、检查机供品和饮料，检查餐食和特殊餐食。
(3) SS3、SS5 检查客舱、整理安全带、准备报纸、杂志，检查出口座位卡和安全须知卡。
(4) SS4、SS6 检查洗手间、检查客舱。
(5) 报告前后客舱的准备情况。
(6) PS1 检查专业化形象，报告机长：客舱准备完毕，旅客可否登机。
(7) (教员)广播旅客登机。

3. 旅客登机　Passenger Boarding
(1) 迎客。

前舱座位数：113 个

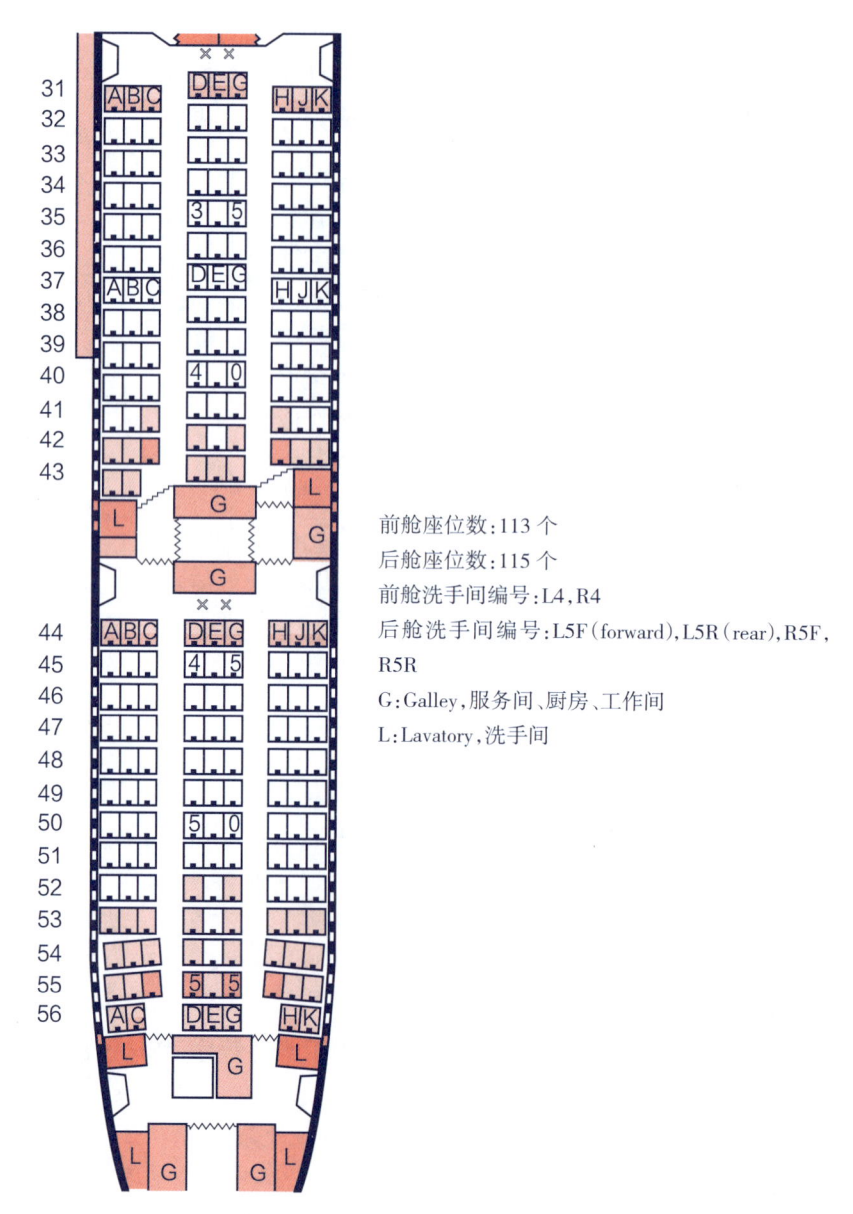

后舱座位数：115 个

前舱洗手间编号：L4，R4

后舱洗手间编号：L5F（forward），L5R（rear），R5F，R5R

G：Galley，服务间、厨房、工作间

L：Lavatory，洗手间

图 10-1　B777-300 ER 经济舱座位分布图

Fig 10-1　B777-300 ER Economy class cabin layout

- PS1 和 SS2 在 L3 机门旁迎客，SS2 数客。
- SS3、SS4 在客舱 35 排左右通道。
- SS5、SS6 在客舱门 L4 和 R4 通道。
- SS7 在客舱后部，左右机动。

（2）安排旅客就座。

（3）安排行李。

(4) SS5、SS6 出口座位旅客确认并报告。

(5) SS3、SS4 负责特殊旅客安排。

(6) SS7 负责特殊餐旅客确认。

(7) SS2 向乘务长报告旅客人数齐全已登机完毕。

(8) PS1 报告机长,旅客齐全,是否关机门。

(9) 关机门。

(10) PS1 下达指令:各号位,操作滑梯预位并互检。

- SS3 负责 L4 门;SS4 负责 R4 门。
- SS5 负责 L5 门;SS6 负责 R5 门。

(11) PS1 广播电子设备的限制和检查。

(12) 安全演示:SS3、SS4、SS5、SS6 乘务员。

(13) PS1 安全检查广播。

(14) SS3、SS4、SS5、SS6 客舱安全检查,SS5、SS6 检查洗手间。

(15) SS2、SS7 整理安全演示设备,检查厨房。

(16) PS1 欢迎词广播。

(17) SS2~SS7 报告安全检查完成,PS1 报告机长:机舱准备就绪。

(18) 乘务员就座,PS1 确认安全带广播(飞机准备起飞)。

4. 飞机起飞后　Cruising

(1) PS1 起飞后确认安全带广播。

(2) 起飞后乘务组致意:SS2~SS4,SS5~SS7。

(3) 服务流程。

① 第一餐,夜宵。

a. SS2、SS7 回厨房准备冷热饮、餐食。

b. SS3、5 送报纸;SS4、6 送杂志(中英文)。

c. SS3 协助 SS2 准备冷热饮;SS5 协助 SS7 准备冷热饮。

d. SS2、SS7 提供特殊餐、特殊旅客服务。

e. SS3、SS4、SS5、SS6 送餐 + 冷热饮服务(31-43;44-56)。

f. SS2、SS7 准备空餐车、整理厨房。

g. SS3、SS4 推空餐车到前舱,SS3 换 PS1 收餐(SS3 前舱值班、航线广播;SS5、SS6 收餐。

h. PS1 返回前舱,下降前广播。

i. SS3、SS4、SS5、SS6 收杯子、报纸、杂志。

j. SS2、SS7 整理厨房和餐车。

② 出入境服务。

a. PS1 播报目的地出入境规定。

b. SS3、SS4、SS5、SS6 发放出入境表格。

③ 巡舱服务。

a. PS1、SS3、SS5、SS7 第一轮休息。

b. SS2、SS4、SS6 轮流负责，2 人 4、5 号门区值班，1 人巡舱、检查洗手间。

c. SS2、SS4、SS6 第二轮休息。

d. PS1、SS3、SS5、SS7 轮流负责，2 人 4、5 号门区值班，2 人巡舱、检查洗手间、提供小点心和饮料。

④ 第二餐，早餐。

a. PS1 供餐广播。

b. SS2、SS7 厨房准备餐车，冷热饮。

c. SS2、SS7 提供特殊餐、特殊旅客服务。

d. SS3、SS4、SS5、SS6 送餐＋冷热饮服务（43-31；56-44）。

e. SS2、SS7 准备空餐车、整理厨房。

f. SS3、SS4、SS5、SS7 收餐。

g. SS2、SS6 整理厨房和水车。

h. PS1 下降前广播。

i. SS3、SS4、SS5、SS6 收杯子、报纸、杂志。

j. SS2、SS7 整理厨房和餐车。

⑤ 免税品售卖。

a. PS1 免税品广播。

b. PS1、SS6 免税品销售。

5. 飞机下降前 Before Landing

(1) PS1 下降广播，乘务组致谢。

(2) 客舱安全检查、报告。

(3) PS1 报告机长：机舱准备就绪。

(4) PS1 确认安全带广播；乘务组就座。

6. 落地后飞机停稳 Complete Stop

(1) PS1 下达指令：乘务员解除滑梯预位并互检。

(2) PS1 报告机长：滑梯解除预位，可否开机门？

(3) 乘务组送旅客下机，SS3、SS4 负责特殊旅客。

(4) 客舱清舱检查，航后讲评。

四、真实航班服务流程　Practical Flight Service Flow

以下将一次真实航班服务流程分阶段展示，请仔细阅读后归纳总结在不同环节中客舱、服务间乘务员之间的分工与合作（见表 10-2～表 10-4）。

表 10-2　航班阶段一（旅客登机、起飞前、起飞后）服务流程
Table 10-2　Flight Phase 1（passenger boarding, before takeoff, after takeoff）Service Flow

环节	客舱乘务员服务内容	厨房乘务员服务内容
旅客登机	1. 问候旅客。 2. 需特殊照顾旅客的服务	登机位站立（确认特殊餐数量和额外增加餐食，在舱门关闭前到位）
起飞前	1. 安全演示。 2. 客舱安全检查	1. 在安全演示前与旅客确认特殊餐（如来得及）。 2. 安全演示。 3. 厨房安全检查。 4. 餐食加热。 5. 完成特殊餐旅客座位贴纸（如来得及）。 6. 确认以下事项： （1）厨房工作台无松散物品； （2）餐车和水车锁闭、固定； （3）烤箱、储藏箱、咖啡机均固定； （4）帘子系紧不遮挡
起飞后	1. 发耳机。 2. 细微服务。 3. 前后舱短会。 4. 发特殊餐、准备餐车	1. 煮咖啡、泡茶。 2. 告知客舱乘务员餐食信息（餐车数量、主菜品种、特殊餐等）。 3. 准备好特殊餐、热食和餐车摆放

表 10-3　航班阶段二（第一餐、轮值、第二餐）服务流程
Table 10-3　Flight Phase 2（first meal, on duty shift, second meal）Service Flow

环节	客舱乘务员服务内容	厨房乘务员服务内容
第一餐	1. 供餐服务。 2. 饮料、酒水服务。 3. 第一轮饮料服务。 4. 旅客个性服务需求。 5. 第二轮饮料服务。 6. 收餐。 7. 清洁洗手间。 8. 免税品售卖（白天航班）。 9. 换第二餐餐车（长途）	1. 供餐服务。 2. 整理车、厨房。 3. 酒水服务。 4. 准备第一轮饮料。 5. 服务旅客个性需求。 6. 准备第二轮饮料。 7. 收餐。 8. 整理厨房。 9. 分发 CIQ 表格（白天航班）。 10. 换第二餐餐车（长途航班）
轮值	第一班值班的乘务员协助厨房乘务员填写交接班单据	填写交接班单据

续表

环节	客舱乘务员服务内容	厨房乘务员服务内容
第二餐	1. 协助换热食烤箱架。 2. 发放特殊餐,协助准备饮料。 3. 供餐服务。 4. 第二轮饮料服务。 5. 收餐。 6. 清洁洗手间。 7. 免税品售卖(夜航)。 8. 协助交接物品	1. 供餐服务前一小时换热食烤箱架。 2. 供餐前半小时关闭厨房餐车制冷,除去干冰。 3. 供餐前半小时加热主菜。 4. 供餐前 5 分钟,准备好特殊餐、饮料。 5. 装好热食。 6. 第二轮饮料服务。 7. 收餐。 8. 分发 CIQ 表格(夜航)。 9. 厨房清点、交接准备

注:在长航线中,乘务员在两餐服务之间的时间段,根据相关规定可以分两批轮班休息。

表 10-4　航班阶段三(降落前)服务流程

Table 10-4　Flight Phase 3(before landing)Service Flow

环节	客舱乘务员服务内容	厨房乘务员服务内容
降落前	1. 关闭免税品且封条。 2. 开展细微服务。 3. 客舱安全检查	1. 关闭厨房电源。 2. 对厨房安全检查,整理,确认以下事项: – 剩余冷热饮料倒入马桶; – 厨房无松散物品; – 餐车、水车锁闭、固定; – 烤箱、储藏箱、咖啡机均固定; – 帘子系紧不遮挡 交接前完成以下工作: 1. 清洗水壶、水罐等容器。 2. 降落前清点并汇报结余(酒水、软饮、纸巾、厕纸、糖包、奶包、咖啡包、茶包、航空杯等)。 3. 冰桶/冰槽中的余水倒入马桶。 4. 整理酒水车和服务用品铁皮箱。 5. 清洁托盘,更换防滑纸

实 践 演 练

1. 由 7 名学生组成乘务组,其余学生扮演旅客,在双通道客舱中进行国际中长航线模拟训练。

要求:掌握服务流程、服务规范。

2. 每 7 名学生组成乘务组，小组内复习各国出入境的规定、时区换算、轮值休息规定。

要求：熟练掌握以上知识，回答旅客的问询。

任务二　国内中短航线训练
Task 2　Domestic Medium/Short Flight

任务引导

国内中短航线飞行任务以 B737-800 飞机模拟舱乘务员 4~6 人制工作为例。该任务要求学员根据乘务工作内容、乘务工作规范、乘务工作流程执行航班飞行任务。学生通过实训演练，能够明确工作流程、服务程序，熟练掌握各服务内容的具体要求和相关技能。

要求学员以 4~6 人为乘务组执行航班任务，教员合理安排正餐、快餐航班的旅客人数、餐食份数、特殊情况，乘务组在规定时间内完成航班任务。

知识链接

一、B737-800 飞机模拟舱乘务员 4 人制工作岗位和职责　Work Positions and Duty

客舱乘务员工作职责如表 10-5 所示。

表 10-5　工作岗位和职责
Table 10-5　Work positions and duty

号位 Duty	座椅 Seat	卫生间 Lavatory	分离器 Slide	工作区域 Work Zone	检查项目 Check	控制板 Panel	应急设备检查 Safety &. Emergency Equipment Check
PS1	L1	前	下达口令 L1	客舱管理、客舱服务、广播	前控制板、登机音乐、阅读刊物、广播器、娱乐服务系统	L1	L1

续表

号位 Duty	座椅 Seat	卫生间 Lavatory	分离器 Slide	工作区域 Work Zone	检查项目 Check	控制板 Panel	应急设备检查 Safety &. Emergency Equipment Check
SS2	L1	—	R1	数客、Y舱服务、安全演示、送报纸	演示包准备、饮料准备	前厨房	R1
SS3	L2	—	R2	Y舱服务、安全演示、送杂志	客舱卫生、行李架、安全带	—	客舱R2
SS4	L2	后	L2	厨房摆水车、烤熟食、热饮、安全演示	机供品、饮料准备、餐食、水表	L2	L2

工作程序如下。

1. 下达任务　Assign Duty

（1）乘务组自我介绍。

（2）教员下达任务：航班、航线、旅客人数、飞行时间、特殊餐食、特殊旅客等。

（3）乘务组登机准备。

2. 客舱准备　Cabin Preparations

（1）乘务长检查娱乐系统、检查广播器、检查登机音乐、打开灯光。

（2）SS2 检查和摆放安全演示设备。

（3）SS3 检查客舱、整理安全带、检查洗手间、准备出口座位卡和安全须知卡。

（4）SS4 检查机供品和饮料，检查餐食和特殊餐食。

（5）报告前后客舱的准备情况。

（6）PS1 报告机长：客舱准备完毕，旅客准备登机。

（7）（教员）广播旅客登机。

3. 旅客登机　Passenger Boarding

（1）迎客。

① PS1 和 SS2 在机门旁迎客，SS2 数客。

② SS3 在客舱前三排右侧，SS4 在后三排右侧。

（2）安排旅客就座。

（3）安排行李。

（4）SS3 确认出口座位。

（5）SS4 负责特殊旅客安排。

（6）SS3 报告出口座位已确认。

(7) SS2 向乘务长报告旅客人数齐全,已登机完毕。

(8) PS1 报告机长,旅客齐全,是否关机门。

(9) 关机门。

(10) PS1 下达指令:各号位,操作滑梯预位并互检。

① PS1 负责 L1 门;SS2 负责 R1 门。

② SS4 负责 L2 门;SS3 负责 R2 门。

(11) PS1 广播电子设备的限制和检查。

(12) 安全演示:SS2、SS3、SS4 乘务员。

(13) PS1 安全检查广播。

(14) SS3、SS4 客舱安全检查。

(15) SS2 整理安全演示设备。

(16) PS1 欢迎词广播。

(17) PS1 确认安全带广播(飞机准备起飞)。

4. 飞机起飞

(1) PS1 起飞后确认安全带广播。

(2) 起飞后乘务组致意。

(3) 服务流程。

① 正餐航班。

a. SS4 回后厨房准备冷饮车、餐食。

b. SS2 送报纸;SS3 送杂志(中英文)。

c. SS2 协助 SS4 准备餐前饮料车。

d. SS2 和 SS3 送餐前饮料。

e. SS4 收杯子。

f. SS3 特殊餐、特殊旅客服务和整理厨房。

g. SS2 协助 SS4 准备热饮料。

h. SS2 和 SS4 推餐车到前舱,SS2 换 PS1 送餐(SS2 前舱值班和航线广播)。

i. PS1 和 SS4 送餐。

j. PS1 和 SS3 推水车到前舱,PS1 换 SS2 送水。

k. SS2 和 SS3 送餐中饮料。

l. SS2 和 SS3 收餐,SS4 整理厨房和水车。

m. SS3 收杯子。

n. SS2 收报纸、杂志。

o. SS4 整理厨房和餐车。

② 快餐航班。

a. SS4 回后厨房准备餐盒,冷热饮料车。

b. SS2 送报纸,SS3 送杂志。

c. SS2 和 SS3 送快餐。

d. SS2 和 SS4 推水车到前舱换 PS1 送水（SS2 前舱值班和航线广播）。

e. SS3 特殊旅客服务和整理厨房。

f. SS2 和 SS3 收餐盒。

g. SS4 整理厨房和水车。

h. SS3 收杯子；SS2 收报纸、杂志。

i. SS4 整理厨房和餐车。

(4) 下降广播,乘务组致谢。

(5) 安全检查。

(6) 确认安全带广播。

(7) 落地后飞机停稳。

(8) PS1 下达指令：乘务员解除滑梯预位并互检。

(9) 送旅客下机及客舱检查。

二、B737-800 飞机模拟舱乘务员 5 人制工作岗位和职责　Work Positions and Duty

客舱乘务员工作职责如表 10-6 所示。

表 10-6　工作岗位和职责

Table 10-6　Work positions and duty

号位 Duty	座椅 Seat	卫生间 Lavatory	分离器 Slide	工作区域 Work Zone	检查项目 Check	控制板 Panel	应急设备检查 Safety & Emergency Equipment Check
PS1	L1 内	前	下达口令 L1	客舱管理、客舱服务、广播	前控制板、登机音乐、阅读刊物、广播器、娱乐服务系统	L1	L1
SS2	L1 外	—	R1	数客、Y 舱服务、安全演示、送报纸	演示包准备	前厨房	R1
SS3	客舱后排 D 座	—	—	Y 舱服务、安全演示、送杂志	客舱卫生、行李架、安全带	—	客舱
SS4	L2 内	后	L2	厨房水车、Y 舱服务、安全演示	机供品、饮料准备	—	L2
SS5	L2 外	—	R2	后厨房、烤餐食、热饮	餐食、水表	后厨房	R2

工作程序如下。

1. 下达任务　Assign Duty

(1) 乘务组自我介绍。

(2) 教员下达任务：航班、航线、旅客人数、飞行时间、特殊餐食、特殊旅客等。

(3) 乘务组登机准备。

2. 客舱准备　Cabin Preparations

(1) 乘务长检查娱乐系统、检查广播器、检查登机音乐、打开灯光。

(2) SS2 检查和摆放安全演示设备。

(3) SS3 检查客舱、整理安全带、检查洗手间、准备出口座位卡和安全须知卡。

(4) SS4 检查机供品和饮料。

(5) SS5 检查餐食和特殊餐食。

(6) 报告前后客舱的准备情况。

(7) PS1 报告机长：客舱准备完毕，旅客准备登机。

(8)（教员）广播旅客登机。

3. 旅客登机　Passenger Boarding

(1) 迎客。

① PS1 和 SS2 在机门旁迎客，SS2 数客。

② SS3 在客舱前三排右侧，SS4 在后三排右侧。

③ SS5 在后部。

(2) 安排旅客就座。

(3) 安排行李。

(4) SS3 确认出口座位。

(5) SS4 负责特殊旅客安排。

(6) SS3 报告出口座位已确认。

(7) SS2 向乘务长报告旅客人数齐全，已登机完毕。

(8) PS1 报告机长，旅客齐全，是否关机门。

(9) 关机门。

(10) PS1 下达指令：各号位，操作滑梯预位并互检。

① PS1 负责 L1 门；SS2 负责 R1 门。

② SS4 负责 L2 门；SS5 负责 R2 门。

(11) PS1 广播电子设备的限制和检查。

(12) 安全演示：SS2、SS3、SS4 乘务员。

(13) PS1 安全检查广播。

(14) SS3、SS4 客舱安全检查。

(15) SS2 整理安全演示设备。

(16) PS1 欢迎词广播。

(17) PS1 确认安全带广播（飞机准备起飞）。

4. 飞机起飞

(1) PS1 起飞后确认安全带广播。

(2) 起飞后乘务组致意。

(3) 服务流程。

① 正餐航班。

a. SS4 回后厨房准备冷饮车,SS5 准备餐食。

b. SS2 送报纸;SS3 送杂志。

c. SS2 和 SS3 送餐前饮料。

d. SS4 收杯子。

e. SS3 特殊餐、特殊旅客服务。

f. SS2 和 SS5 推餐车到前舱,SS2 换 PS1 送餐(SS2 前舱值班和航线广播)。

g. PS1 和 SS4 推水车到前舱,PS1 换 SS2 送水。

h. SS2 和 SS3 收餐,SS5 整理厨房和水车。

i. SS3 收杯子。

j. SS2 收报纸、杂志。

k. SS4 整理厨房和餐车。

② 快餐航班。

a. SS4 回后厨房准备冷热饮料车;SS5 准备餐盒。

b. SS2 送报纸,SS3 送杂志。

c. SS2 和 SS3 送快餐。

d. SS3 特殊旅客服务。

e. SS2 和 SS4 推水车到前舱换 PS1,PS1 和 SS4 送水(SS2 前舱值班和航线广播)。

f. SS3 和 SS5 收餐盒。

g. SS5 整理厨房和餐车。

h. SS3 收杯子;SS2 收报纸、杂志。

i. SS4 整理厨房和水车。

(4) 下降广播,乘务组致谢。

(5) 安全检查。

(6) 确认安全带广播。

(7) 落地后飞机停稳。

(8) PS1 下达指令:乘务员解除滑梯预位并互检。

(9) 送旅客下机及客舱检查。

三、B737-800 飞机模拟舱乘务员 6 人制工作职责　Work Positions and Duty

客舱乘务员工作职责如表 10-7 所示。

表 10-7　工作岗位和职责
Table 10-7　Work positions and duty

号位 Duty	座椅 Seat	卫生间 Lavatory	分离器 Slide	工作区域 Work Zone	检查项目 Check	控制板 Panel	应急设备检查 Safety &. Emergency Equipment Check
PS1	L1 内	前	下达口令 L1	客舱管理、客舱服务、广播	前控制板、登机音乐、广播器、娱乐服务系统	L1	L1
SS2	L1 外	—	R1	数客、Y 舱服务、安全演示、送报纸	演示包准备、阅读刊物	前厨房	R1
SS3	L2 外	—	—	Y 舱服务、安全演示、送杂志	客舱卫生、行李架、安全带	—	客舱前部
SS4	L2 内	后	L2	厨房水车、Y 舱服务、安全演示	机供品、饮料准备	—	L2
SS5	R2 内	—	R2	后厨房、餐食	餐食、水表	—	R2
SS6	R2 外	—	—	协助 SS4、厨房水车、热饮	协助 SS4、检查机供品、饮料	后厨房	客舱后部

工作程序如下。

1. 下达任务　Assign Duty

（1）乘务组自我介绍。

（2）教员下达任务：航班、航线、旅客人数、飞行时间、特殊餐食、特殊旅客等。

（3）乘务组登机准备。

2. 客舱准备　Cabin Preparations

（1）乘务长检查娱乐系统、检查广播器、检查登机音乐、打开灯光。

（2）SS2 检查和摆放安全演示设备、报纸杂志。

（3）SS3 检查客舱、整理安全带、检查洗手间、准备出口座位卡和安全须知卡。

（4）SS4 检查机供品。

（5）SS5 检查餐食和特殊餐食。

（6）SS6 检查饮料。

（7）报告前后客舱的准备情况。

(8) PS1 报告机长：客舱准备完毕，旅客准备登机。

(9)（教员）广播旅客登机。

3. 旅客登机　Passenger Boarding

(1) 迎客。

① PS1 和 SS2 在机门旁迎客，SS2 数客。

② SS3 在客舱前三排右侧，SS4 在后三排右侧。

③ SS5 和 SS6 在后部机门旁迎客。

(2) 安排旅客就座。

(3) 安排行李。

(4) SS3 确认出口座位。

(5) SS4 负责特殊旅客安排。

(6) SS3 报告出口座位已确认。

(7) SS2 向乘务长报告旅客人数齐全，已登机完毕。

(8) PS1 报告机长，旅客齐全，是否关机门。

(9) PS1 和 SS5 关机门。

(10) PS1 下达指令：各号位，操作滑梯预位并互检。

① PS1 负责 L1 门；SS2 负责 R1 门。

② SS4 负责 L2 门；SS5 负责 R2 门。

(11) PS1 广播电子设备的限制和检查（SS3、SS4 检查）。

(12) 安全演示：SS2、SS3、SS4 乘务员。

(13) PS1 安全检查广播。

(14) SS3、SS4 客舱安全检查。

(15) SS2 整理安全演示设备。

(16) PS1 欢迎词广播。

(17) PS1 确认安全带广播（飞机准备起飞）。

4. 飞机起飞

(1) PS1 起飞后确认安全带广播。

(2) 起飞后乘务组致意。

(3) 服务流程。

① 正餐航班。

a. SS4 和 SS6 回后厨房准备冷饮车，SS5 准备餐食。

b. SS2 送报纸；SS3 送杂志（中英文）。

c. SS2 和 SS3 送餐前饮料。

d. SS4 收杯子。

e. SS3 特殊餐、特殊旅客服务。

f. SS2 和 SS5 推餐车到前舱，SS2 换 PS1 送餐（SS2 前舱值班和航线广播）。

g. SS4 和 SS6 送餐中水。

h. SS3 和 SS5 收餐。

i. SS5 和 SS6 整理厨房和餐车。

j. SS3 收杯子。

k. SS2 收报纸、杂志。

l. SS4 和 SS6 整理水车和机供品。

② 快餐航班。

a. SS4 和 SS6 回后厨房准备冷热饮料车；SS5 准备餐盒。

b. SS2 送报纸，SS3 送杂志。

c. SS2 和 SS3 送快餐。

d. SS5 和 SS6 送冷热饮料。

e. SS2 和 SS4 推餐车到前舱，SS2 换 PS1（SS2 前舱值班和航线广播）。

f. PS1 和 SS4 收餐盒。

g. SS5 和 SS6 整理厨房和餐车。

h. SS3 收杯子；SS2 收报纸杂志。

i. SS4 和 SS6 整理水车和机供品。

(4) 下降广播，乘务组致谢。

(5) 安全检查。

(6) 确认安全带广播。

(7) 落地后飞机停稳。

(8) PS1 下达指令：乘务员解除滑梯预位并互检。

(9) 报告机长，开舱门。

(10) 送旅客下机及客舱检查。

四、航线训练相关知识点　　Basic Information

(1) 厨房餐车内食品、机供品的摆放。

① 上层：茶叶、咖啡、方糖、餐巾纸、夹子和服务用具。

② 中层：纸杯、航空杯、毛巾、大小托盘和冰桶。

③ 下层：各类饮料。

(2) 特殊餐食放在餐车的上部。

(3) 航线：飞机飞行的路线称为空中交通线，简称为航线。

飞机的航线不仅确定了飞机飞行具体方向、起飞点和经停点，而且还根据空中交通管制的需要，规定了航线的宽度和飞行高度，以维护空中交通秩序，保证飞行安全。

飞机航线的确定除了安全因素外，取决于经济效益和社会效益的大小。

一般情况下，航线安排以大城市为中心，在大城市之间建立干线航线，同时辅以支线航线，由大城市辐射至周围小城市。

航线按起飞点的归属不同分为国际航线和国内航线。其中国内航线又可分为干线航线和支线航线。

干线航线是指连接北京和各省会、直辖市或自治区首府或各省、自治区所属城市之间的航线,如北京—上海航线、上海—南京航线、西安—深圳航线等。

支线航线则是指个省或自治区之内的各城市之间的航线。

(4) 构成航线的基本元素。所有航线汇集在一起,就构成了民用航空飞行的航线图。作为航线,它的构成有以下几个基本元素。

① 航线代号。每一条航线都有航线代号,国内航线代码是空军管理,国际航线代码由国际民航组织定。

② 航向。航向代表航线的走向。

③ 航线距离。

④ 航线最低安全高度。该高度由国家有关部门根据航线下方的地形环境、考虑飞行的安全而确定的。

(5) 航班时刻。航班时刻是一个航空公司的整体行动计划,航空公司要根据旅客的季节性的流量调整公司的航班计划。时刻表的内容包括始发站名称、航班号、终点站名称、起飞时刻、到达时刻、机型、座舱等级、服务内容等。

各航空公司的航线、航班及其班期和时刻等,按一定规律汇编成册,即形成常见的航班时刻表,根据飞行季节的不同和客流流量、流向的客观规律,国内按冬春、夏秋两季,一年调整两次航班时刻表。在我国每年 4 月到 10 月使用夏秋季航班时刻表,11 月到次年 3 月使用冬春季时刻表。

(6) 航线与航班。

航线:航线确定了飞机飞行的具体方向、起飞和经停地点。

航班:指飞机由始发站按规定的航线起飞,经过经停站至终点站的运输飞行。

(7) 航班号的组成。为方便运输和旅客,每个航班均编有航班号。一般有如下规律。

中国国内航班的航班号由执行航班任务的航空公司二字代码和三或四个阿拉伯数字组成,如 CA1301 北京—广州。

如有四个阿拉伯数字,则其中第一位数字表示执行该航班任务的航空公司、该公司基地所在地区、航班终点站所在地区(1 为华北,2 为西北,3 为华南,4 为西南,5 为华东,6 为东北,7 为海南,8 为福建,9 为新疆)。

国内航班号国航为"1"和"4"字头;东航为"2"和"5"字头;南航为"3"和"6"字头;海航为"7"字头;厦航和川航为"8"字头;上航和深航为"9"字头。

四位数字表示班次,即该航班的具体编号,其中第四位数字若为奇数,则表示该航班为去程航班,若为偶数,则为回程航班。如果是三位的则没有明显规律。

(8) 温度换算。

温度的表示方式:华氏度 $°F$;摄氏度 $°C$ 。

摄氏转换成华氏:$°F = 9/5°C + 32$;

华氏转换成摄氏:$°C = (°F - 32)5/9$。

• **随堂练习**

CA1501/2 航班，该航班从北京首都国际机场起飞，上海虹桥国际机场降落，飞行距离1 160 千米，去程飞行时间 1 小时 30 分、飞行高度 9 000 米，回程飞行时间 1 小时 30 分、飞行高度 10 000 米。

请问：

(1) 降落机场的三字代码是什么？
(2) 该航班由哪一家航空公司执行任务？
(3) 该航班飞越的省（市）有哪几个？
(4) 该航班飞越的主要河流有哪些？
(5) 该航班飞越的主要湖泊有哪些？
(6) 该航班飞越的主要山脉有哪些？

回答：

(1) SHA。
(2) 中国国际航空公司。
(3) 河北、山东、江苏、北京、上海。
(4) 大运河、黄河、长江。
(5) 微山湖、骆马湖、洪泽湖、高邮湖、太湖。
(6) 泰山。

五、客舱中英文广播词　Announcement

(一) 关闭机门至起飞前　From Close the Door to Takeoff

1. 限制使用电子设备广播　The Use of Electronic Devices

女士们，先生们：

为防止干扰飞行通信和导航系统，请您在飞行全程中不要开启和使用以下电子设备：移动电话、调频收音机以及遥控装置等。其他电子设备，如手提电脑等请在起飞 15 分钟后使用，但必须在下降时"系好安全带"指示灯亮后关闭，以保证飞行安全。

谢谢您的合作！

Ladies and gentlemen,

Please note that certain electronic devices are not to be used on board at any time.These devices include mobile phones,radios and remote-controlled equipment including toys.All other electronic devices including laptop computers and CD players must not be switched on until fifteen minutes after take-off,and must be switched off when 'fasten seat belt'sign comes on for landing.

Thank you for your cooperation！

2. 安全演示广播　Safety Demonstration

女士们，先生们：

Ladies and gentlemen,

现在，乘务员将为您介绍救生衣、氧气面罩、安全带的使用方法和紧急出口的位置，请注意我们的示范和说明。

We will now demonstrate the use of the vest, the oxygen mask, the seat belt and the location of the exits. Please pay attention.

救生衣在您座椅下面的口袋里。使用时取出，经头部穿好，将带子扣好系紧。拉动充气阀门为救生衣充气，但在客舱内请不要充气。充气不足时，请将救生衣上部的两个人工充气管拉出，用嘴向里充气。

Your life vest is located under your seat, to put the vest on, slip it over your head, fasten the buckles and pull the strap tightly around your waist. Then pull inflation tabs. Please do not inflate it while you are in the cabin. Please do not inflate it while you are in the cabin. If your vest does not fully inflate, you can inflate it by blowing into the mouthpieces.

氧气面罩储藏在您头顶上方的壁板里，当发生释压时，面罩会自动脱落，请您用力向下拉面罩，然后将面罩罩在口鼻处，把带子套在头上就可以正常呼吸。请先为自己戴上氧气面罩，再去照顾您的孩子。

The oxygen mask is in the compartment over your head. It will fall down automatically when there is decompression. Pull the mask towards you firmly to start the flow of oxygen. Place the mask over your nose and mouth, slip the elastic band over your head. Within a few seconds, the oxygen flow will begin. First, put your mask, then attend to your children.

这是您座位上的安全带，要系好安全带，请您将安全带插片插入锁扣，请确保系紧。如需要解开，只需将金属扣向外打开，拉出连接片。

This is the seatbelt on your seat. To fasten the seat belt, insert the link into the main buckle. The seat belt should be fastened tight and low. To unfasten the seat belt, lift the flap and pull out the link.

本架飞机在客舱内共有6个紧急出口，位于客舱的前部、后部和中间。所有出口都有明显标志。当供电故障时，应急照明路径灯会自动亮起并指示您前往最近的出口。

There are 6 emergency exits on each side of the aircraft. They are located in the front, rear and middle of the cabin. All of the exits are clearly marked. If there is an electrical power failure, the emergency track lightening will illuminate and guide you to your nearest exit.

如需了解更多的安全信息，请在起飞前仔细阅读您椅袋中的安全须知，谢谢！

For further information, you can refer to the safety instructions in the seat pocket in front of you, please read it carefully before take off.

Thank you for your attention.

3. 客舱安全检查广播　Cabin Safety Check

女士们，先生们：

现在乘务员进行安全检查，请您协助我们收起您的小桌板、调直座椅靠背、打开遮光板、系好安全带。

本次航班为禁烟航班。在客舱和盥洗室内禁止吸烟。严禁损坏盥洗室的烟雾探测器。

谢谢！

Ladies and gentlemen,

In preparation for departure,we ask that you take your seats,place your seat back in the upright position and fasten your seat belt securely.We also ask that you stow your tray table and open the window shade.

This is a non-smoking flight.Smoking is strictly prohibited in the cabin or lavatories.Tampering with or destroying the lavatory smoke detector is prohibited.

Thank you！

4. 欢迎词　Speech of Welcome

女士们,先生们：

机长＿＿＿＿和机组成员欢迎您乘坐＿＿＿次航班前往＿＿＿＿。由＿＿到＿＿的空中飞行距离为＿＿＿公里。预计空中飞行时间＿＿小时＿＿分钟,飞行高度＿＿＿米,飞行速度平均每小时＿＿＿公里。

飞机正在滑行,很快就要起飞。请您在座位上坐好,系好安全带。祝各位旅途愉快！

谢谢！

Ladies and gentlemen,

Captain____and your crew welcome you aboard flight_____to____.The air distance between____and____is____kilometers.Flying time will be____hour and___minutes.We'll be flying at an altitude of____meters and at the speed of____kilometers per hour.

We will be taking off immediately.Please make sure that your seat belt is securely fastened.

Wish you have a pleasant journey！

Thank you！

5. 起飞前广播　Last Reminder

女士们,先生们：

我们的飞机很快就要起飞了,请您再次确定您的安全带是否系好。

多谢您的合作！

Ladies and gentlemen,

Our plane will be taking off immediately.Please make sure that your seat belt is securely fastened.

Thank you！

(二) 起飞后　Cruising

1. "系好安全带"灯关闭后　'Fasten Seat Belt' Sign Goes Off

女士们,先生们：

现在"系好安全带"灯已经关闭,为了防止飞行中气流的变化而引起颠簸,当您坐在座位上时,请您系好安全带。

谢谢！

Ladies and Gentlemen,

The fasten seat belt sign has been turned off.However,as a precaution against sudden turbulence,all passengers are kindly requested to keep your seat belt fastened while seated.

Thank you！

2. 乘务组介绍　Introducing Crew Members

女士们，先生们：

我是本次航班的乘务长 ＿＿＿，请允许我为您介绍今天为您服务的乘务组成员，乘务员 ＿＿＿＿，乘务员 ＿＿＿＿＿，乘务员 ＿＿＿＿＿ 和 ＿＿＿＿＿＿。希望通过我们的努力，给您带来温馨、舒适的旅途。

谢谢！

Ladies and gentlemen,

This is your purser＿＿＿＿＿speaking.Let me introduce my cabin crew to you,this is＿＿＿＿,this is＿＿＿＿,this is＿＿＿＿and this is＿＿＿＿＿.We'll try our best to provide you good service and wish you a good trip.

Thank you！

3. 供餐广播　Before Meal Service

女士们，先生们：

现在我们准备为您提供正餐/快餐及饮料，请您放下小桌板，为方便其他旅客，请您调直座椅靠背。哪位乘客预订了特殊餐食，请按呼唤铃与乘务员联系，餐后还将继续为您提供饮料，欢迎您选用。

谢谢！

Ladies and gentlemen,

We will soon be serving dinner/snack and beverages.Please put down the tray table in front of you.Seat backs should be returned to the upright position.Those passengers who requested special meals,please press your call button to identify yourself.You are welcome to take your choice.

Thank you！

4. 航线广播　Air Route

女士们，先生们：

我们的飞机已经离开 ＿＿＿＿＿＿ 前往 ＿＿＿＿＿＿。在这条航线上，我们将飞越的省份有：＿＿＿＿＿＿＿；飞越的城市有：＿＿＿＿＿＿，河流有：＿＿＿＿＿＿，山脉有：＿＿＿＿＿。

为确保旅途安全，请您在飞机滑行、起飞、降落和颠簸期间，在座位上坐好，系好安全带，不要开启行李架，以免行李滑落，砸伤其他旅客。多谢您的合作。

祝您旅途愉快，身体健康！

Ladies and gentlemen,

Our plane has left＿＿＿＿＿＿＿for＿＿＿＿＿＿.On this air route,we will be passing over the provinces of＿＿＿＿＿＿＿, the cities of＿＿＿＿＿＿, and we'll cross＿＿＿＿＿＿＿(river)and the＿＿＿＿＿＿(mountain).

For flight safety, please do not open the luggage compartment above your head during turbulence, taking off, taxiing, descending and landing.

We hope you will enjoy the flight!

(三) 飞机下降　Before Descending

1. 下降广播　Before Descending

女士们,先生们:

本架飞机预计在 ____ 分钟后到达 _____ 机场,现在飞机已经开始下降高度,请您收起小桌板,将座椅靠背调直,并请系好你的安全带,洗手间停止使用,坐在窗口边的旅客请将遮光板打开。

谢谢!

Ladies and gentlemen,

We will be landing at_____airport in about___minutes. Now we have started our descent, so please fasten your seat belt. Seat backs and tables should be returned to the upright position. Please do not use the toilets. For passengers sitting by the windows, would you mind drawing up the window shades.

Thank you!

2. 乘务组致谢　Crew's Thanks

女士们,先生们:

感谢您与我们共同度过了这段美好的空中旅行。对您给予我们工作上的大力支持与配合,乘务组全体成员向您表示衷心的感谢!

Ladies and Gentlemen,

Thank you for flying with us. We appreciate your cooperation.

Thank you!

3. 着陆前广播　Before Landing

女士们,先生们:

我们的飞机很快就要着陆了,请您再次确认您的安全带是否系好。

多谢您的合作!

Ladies and gentlemen,

Our plane will be landing immediately. Please make sure that your seat belt is securely fastened.

Thank you!

(四) 落地后　Taxiing (After Landing)

落地后广播如下。

女士们,先生们:

本架飞机已经降落在 ____ 机场,外面的温度为摄氏 ___ 度或华氏 ___ 度。由机场到市区 ____ 公里。飞机还将继续滑行,为了您和其他旅客的安全,请您先在原位坐好。等"系好安全带"灯熄灭后,再请您解开安全带,整理好全部手提行李准备下飞机。

在这段旅途中,对于您给予的大力支持与配合我们表示衷心感谢,并欢迎您再次乘坐我们的班机。

各位旅客,下次旅途再会!

Ladies and gentlemen,

We have just landed at＿＿airport.The temperature is＿＿degrees centigrade or＿＿degrees Fahrenheit.The distance between the airport and downtown is＿＿km.Please do not unfasten your seat belt before the 'fasten seat belt'sign goes off.Please make sure to collect all your belongings before you disembark.

We thank you for flying with＿＿,and hope to have the pleasure of being with you again.

Thank you and goodbye！

六、航线训练考核标　Flight Operation Drill Assessment Standard

航线训练考核内容如表 10-8 和表 10-9 所示,两个表分值共计 50 分。

表 10-8　客舱服务规范国内航线训练实践考核评分表 1

Table 10-8　Flight operation drills assessment chart 1

班级＿＿＿＿　　组号＿＿＿＿　　用时＿＿＿＿　　考核日期＿＿＿＿

模块	细节	1 号位 姓名： 学号：	2 号位 姓名： 学号：	3 号位 姓名： 学号：	4 号位 姓名： 学号：	5 号位 姓名： 学号：
准备阶段 (5 分)	专业化形象 3					
	动作 1					
	口令 1					
地面准备 (3 分)	应急设备口令 1					
	客舱准备口令 1					
	其他 1					
登机服务 (7 分)	语言 2					
	动作 1					
	出口座位 1					
	特殊旅客 1					
	特殊餐 1					
	团队合作 1					
滑梯预位 (2 分)	口令 1	(关门)			(关门)	
	动作 1					
安全演示及 其他 (3 分)	动作正确度 1					厨房工作 洗手间
	协同性 1	(广播词)				
	完整性 1					

考评员：＿＿＿＿＿

表 10-9　客舱服务规范国内航线训练实践考核评分表 2

Table 10-9　Flight operation drills assessment chart 2

班级_____　组号_____　用时_____　考核日期_____

模块	细节	1号位 姓名： 学号：	2号位 姓名： 学号：	3号位 姓名： 学号：	4号位 姓名： 学号：	5号位 姓名： 学号：
起飞前安全检查(5分)	动作 3					
	语言 2					
致意(2分)	动作 2	(广播词)				
书报杂志(3分)	语言 1	(广播词)			(特殊旅客)	(餐)
	动作 2					
餐饮服务(8分)	语言 3		(广播词)			
	动作 3					
	流程 2					
下降前致意(2分)	动作 2	(广播词)				
下降前安全检查(4分)	动作 2					
	语言 2					
解除滑梯预位(2分)	动作 1					
	口令 1					
送客(2分)	动作 1					
	语言 1					
航后讲评(2分)	分析针对性 2					
团队协作(2分)	团队协作 2					

注：① 快餐航班限时 20 分钟，超时 2 分钟内扣 5 分，超时 2 分钟以上不及格。
② 正餐航班限时 22 分钟，超时 2 分钟内扣 5 分，超时 2 分钟以上不及格。
③ 流程漏失，每项扣 5 分；流程前后混乱，扣 5~10 分。
④ 其他：±5 分(服务态度、服务意识等)。

考评员：_____

附 录 Appendixes

附录一 常见特殊餐分类(见附表 1-1)

附表 1-1 常见特殊餐分类

大类	中文名称	英文名称	代码	饮食禁忌
素食餐 Vegetarian meals	印度素食	Asian vegetarian meal	AVML	也称为亚洲素食,印度风味之非严格素食,且口味通常辛辣。可能有含乳制品。不含肉类、鱼类、禽类及猪油或鱼胶制品、蛋类
	东方素食	Vegetarian oriental meal	VOML	中式素食餐,可含蔬果。不含肉类、家禽、鱼类、海产、蛋、乳类制品、根或球根类植物(包括姜、蒜、洋葱及葱)
	严格西式素食	Vegetarian Vegan meal	VGML	不含各种肉类、海鲜、蛋、乳制品,通常为西式烹调
	西式蛋奶素食	Vegetarian Ovo-lactose meal	VLML	西式风味之非严格素食,不含各种肉类及海鲜,含乳制品
	鲜果鲜蔬	Raw vegetarian meal	RVML	由未经烹煮的蔬果制成,配以纯鲜蔬果汁
宗教餐 Religious meals	印度教餐	Hindu meal	HNML	按照印度教习俗准备的非素食餐,含有肉类(羊、家禽)、鱼和/或乳制品。适合不食用牛肉、小牛肉、猪肉、熏鱼和生鱼的非素食旅客。口味通常辛辣或含咖喱,配制及其烹饪风格可能会有所不同
	穆斯林餐	Muslim meal	MOML	食品根据穆斯林饮食规条及习俗准备和呈上,不含猪肉及其副产品或成分、凝胶、任何没有鳞或鳍的非白色鱼肉类、酒精,以及由酒精提炼或含酒精成分的食物添加剂
	犹太教餐	Kosher meal	KSML	根据犹太人的饮食律法而制作,而食材则由声誉良好的制造商购入。预先包装和密封,含有肉类。猪肉、贝类、无鳞鱼和任何种类的食腐动物的肉都是不可食用的,肉制品和奶制品不能同时一起食用
	耆那教素食	Vegetarian Jain meal	VJML	耆那教徒适用,印式烹调且通常为辛辣口味。不含各种肉类、海鲜及蛋类制品。无洋葱、大蒜、姜、菌菇类以及所有根菜类
病理餐 Dietary/medical meals	低钠盐餐	Low salt meal	LSML	无天然盐味和添加钠的加工食品(如发酵粉、苏打和味精),加工过程中不加盐
	糖尿病餐	Diabetic meal	DBML	餐点不含糖,少盐。含丰富碳水化合物、高纤维、低脂肪及卡路里,适用于无论是否需要依赖胰岛素的糖尿病人

续表

大类	中文名称	英文名称	代码	饮食禁忌
病理餐 Dietary/medical meals	无麸质餐 无谷蛋白餐	Gluten free meal	GFML	无任何的小麦、黑麦、大麦和燕麦(包括可能含有此类原料的食物)
	无乳糖餐	None lactose meal	NLML	此种餐食不包含任何乳类制品,即牛奶、奶粉、酪蛋白、奶油、奶酪、酸奶酪、牛油及乳糖。此餐不适合对牛奶敏感或对乳糖不耐受的乘客
	清淡餐/溃疡餐	Blend meal	BLML	不含能引致肠胃不适的食物/饮品。当中可包含低脂肪品/低纤维食材。无刺激性食物,如黑胡椒、辣椒粉、可可粉和酒精
	低卡餐	Low calorie meal	LCML	低卡路里餐,低热量餐。含瘦肉、低脂乳类制品及高纤维食品,避免煎炸食物、调味肉汁、甜品、添加脂肪、油及糖
	低蛋白餐	Low protein meal	LPML	少肉且推荐蛋白含量少于15克;少量蛋、乳制品、盐
	低脂餐	Low fat meal	LFML	也称为低胆固醇餐,含丰富复合碳水化合物、高纤维及低脂肪。此餐食只含瘦肉、低脂乳制品、新鲜蔬果及高纤维全麦面包、谷类,配以无添加糖分的果汁。无动物脂肪或油腻食品。不含高胆固醇(如红肉和家禽皮)及油炸食品
	海鲜餐	Seafood meal	SFML	此餐仅包含海鲜,包括鱼肉
	水果拼盘餐	Fruit platter meal	FPML	只供应新鲜水果或含其成分的水果酱、水果甜点等
	高纤维餐	High fiber meal	HFML	富含高纤维食物,蔬菜为主
	低嘌呤餐	Low purine meal	PRML	无内脏、鱼卵、浓肉汁
儿童餐 Children's meal	儿童餐	Child meal	CHML	有些航空公司会细分西式、亚洲风味。此餐适合2岁至未满12岁的儿童,可能包含牛肉、鸡肉、鱼、意大利面、蔬菜、巧克力、薯片、饼干、牛奶和奶制品、水果和果汁。不含鱼骨、肉骨、重调味或任何可能会导致儿童窒息的食物
	幼儿餐	Child meal (infant)	CHMLI	适合2岁以下婴儿,比婴儿餐量多。易咀嚼且易消化,配有淡味酱汁
	婴儿餐	Baby meal	BBML	适合1岁以下婴儿,一般供应预制食物。每餐由三瓶婴儿主食、蔬菜和点心所组成(每瓶80~110 g)

附录二 部分国内航线概况（见附表 2-1）

附表 2-1 部分国内航线概况

航线	飞行距离/千米	飞行时间	途经省份	途经主要地理景观
北京—上海	1 160	1：30	河北、山东、江苏	大运河、黄河、长江、泰山、骆马湖、洪泽湖、太湖
北京—杭州	1 200	1：40	河北、山东、江苏、浙江	大运河、黄河、长江、钱塘江、泰山、骆马湖、洪泽湖
北京—西安	1 046	1：30	河北、山西、陕西	汾河、黄河、渭河、太行山、秦岭、华山
北京—成都	1 630	2：25	河北、山西、陕西、四川	汾河、渭河、嘉陵江、太行山、吕梁山、秦岭、华山
北京—昆明	2 210	3：10	河北、山西、陕西、四川、贵州、云南	汾河、黄河、渭河、长江太行山、吕梁山、秦岭、华山、滇池
北京—乌鲁木齐	2 634	3：30	河北、内蒙古、宁夏、甘肃、新疆	黄河、天山、祁连山、燕山山脉
乌鲁木齐—广州	3 773	4：15	新疆、甘肃、四川、贵州、广西、广东	长江、珠江、天山、祁连山
北京—广州	2 000	2：40	河北、河南、湖北、湖南、广东	黄河、淮河、长江、珠江、罗霄山、南岭、白云山
北京—海口	2 543	3：20	河北、河南、湖北、湖南、广西、广东、海南	黄河、淮河、长江、湘江、漓江、雷州湾、琼州海峡
上海—乌鲁木齐	3 544	4：50	安徽、河南、陕西、甘肃、新疆	长江、黄河、太湖、秦岭
上海—桂林	1 395	2：20	浙江、江西、湖南、广西	长江、鄱阳湖、黄山
广州—哈尔滨	2 830	3：50	广东、湖南、湖北、河南、河北、辽宁、吉林、黑龙江	珠江、湘江、长江、洞庭湖、洪湖、淮河、黄河、辽河、松花江、南岭
广州—成都	1 390	1：50	广东、广西、贵州、四川	珠江、漓江、长江、大娄山

附录三 部分国际航线概况（见附表 3-1）

附表 3-1 部分国际航线概况

航线	飞行距离/千米	飞行时间	途经主要国家/地区	途经主要地理景观
北京—东京	2 547	3：00	中国、韩国、日本	汉江、渤海、黄海、日本海、富士山
上海—莫斯科	7 408	10：30（夏） 9：30（冬）	中国、蒙古、俄罗斯	巴尔干山脉、乌拉尔山脉
北京—法兰克福	8 225	10：00（夏） 10：20（冬）	中国、蒙古、俄罗斯、白俄罗斯、波兰、捷克、德国	色楞格河、鄂毕河、莫斯科河、波罗的海、北海、燕山山脉、西萨彦岭山脉、乌拉尔山脉
上海—巴黎	9 623	10：30（夏） 11：00（冬）	中国、蒙古、俄罗斯、芬兰、瑞典、丹麦、德国、荷兰、比利时、法国	色楞格河、鄂毕河、北德维纳河、莱茵河、波罗的海、西萨彦岭山脉、乌拉尔山脉
广州—洛杉矶	12 230	12：00	中国、日本、美国	东海、北太平洋、白令海峡、阿拉斯加湾、阿留申群岛、阿拉斯加半岛亚历山大群岛
广州—悉尼	7 640	9：15	中国、菲律宾、印度尼西亚、澳大利亚	罗霄山脉、南岭、南海、苏拉维西海、班达海

附录四 世界部分机场基本信息（见附表 4-1）

附表 4-1 世界部分机场基本信息

国家	城市	城市三字代码	机场名称	机场三字代码	与北京时差 冬/夏（小时）
美国 United States of America	旧金山 San Francisco	SFO	旧金山国际机场 San Francisco INT'L Airport	SFO	-16/-15
	安克雷奇 Anchorage	ANC	泰德·史蒂文斯安克雷奇国际机场 Ted Stevens Anchorage INT'L Airport	ANC	-17/-16

197

续表

国家	城市	城市三字代码	机场名称	机场三字代码	与北京时差 冬/夏（小时）
美国 United States of America	纽约 New York	NYC	约翰·肯尼迪国际机场 John F.Kennedy INT'L Airport	JFK	-13/-12
	洛杉矶 Los Angeles	LAX	洛杉矶国际机场 Los Angeles INT'L Airport	LAX	-16/-15
	火奴鲁鲁（檀香山）Honolulu	HNL	火奴鲁鲁国际机场 Honolulu INT'L Airport	HNL	-18/-17
加拿大 Canada	温哥华 Vancouver	YVR	温哥华国际机场 Vancouver INT'L Airport	YVR	-16/-15
	多伦多 Toronto	YYZ	多伦多皮尔逊国际机场 Toronto Pearson INT'L Airport	YYZ	-13/-12
日本 Japan	东京 Tokyo	TYO	成田机场/羽田机场 Narita/Haneda Airport	NRT	+1
	大阪 Osaka	OSA	关西国际机场 Kansai INT'L Airport	KIX	+1
	福冈 Fukuoka	FUK	福冈国际机场 Fukuoka INT'L Airport	FUK	+1
韩国 Korea	首尔 Seoul	SEL	仁川国际机场 Inchon INT'L Airport	ICN	+1
	釜山 Pusan	PUS	金海国际机场 Pusan INT'L Airport	PUS	+1
俄罗斯 Russia	莫斯科 Moscow	MOW	谢列梅捷沃国际机场 Sheremetyevo INT'L Airport	SVO	-5
德国 Germany	柏林 Berlin	TXL	泰戈尔国际机场 Tegel Airport	TXL	-7/-6
	法兰克福 Frankfurt	FRA	法兰克福国际机场 Frankfurt INT'L Airport	FRA	-7/-6
	慕尼黑 Munich	MUC	慕尼黑国际机场 Munich INT'L Airport	MUC	-7/-6
瑞士 Switzerland	苏黎世 Zurich	ZRH	苏黎世国际机场 Zurich INT'L Airport	ZRH	-7/-6

续表

国家	城市	城市三字代码	机场名称	机场三字代码	与北京时差 冬/夏(小时)
法国 France	巴黎 Paris	PAR	夏尔·戴高乐国际机场 Charles de Gaulle INT'L Airport	CDG	-7/-6
阿拉伯联合酋长国 The United Arab Emirates	迪拜 Dubai	DXB	迪拜国际机场 Dubai INT'L Airport	DXB	-5
意大利 Italy	米兰 Milano	MXP	马尔彭萨国际机场 Milano Malpensa Airport	MXP	-7/-6
意大利 Italy	罗马 Rome	ROM	菲乌米奇诺国际机场 Fiumicino INT'L Airport	FCO	-7/-6
英国 The United Kingdom	伦敦 London	LON	希思罗国际机场 Heathrow INT'L Airport	LHR	0
瑞典 Sweden	斯德哥尔摩 Stockholm	STO	阿兰达国际机场 Arlanda INT'L Airport	ARN	-7/-6
巴基斯坦 Pakistan	卡拉奇 Karachi	KHI	卡拉奇国际机场 Karachi INT'L Airport	KHI	-4
泰国 Thailand	曼谷 Bangkok	BKK	曼谷素万那普国际机场 Suvarnabhumi INT'L Airport	BKK	-1
新加坡 Singapore	新加坡 Singapore	SIN	新加坡樟宜国际机场 Changi INT'L Airport	SIN	0
印度尼西亚 Indonesia	雅加达 Jakarta	JKT	苏加塔-哈达国际机场 Soekarno-Hatta INT'L Airport	CGK	-1
澳大利亚 Australia	墨尔本 Melbourne	MEL	墨尔本国际机场 Melbourne INT'L Airport	MEL	+2/+3
澳大利亚 Australia	悉尼 Sydney	SYD	金斯福史密斯国际机场 Kingsford Smith INT'L Airport	SYD	+2/+3
奥地利 Austria	维也纳 Vienna	VIE	施韦夏特国际机场 Schwechat INT'L Airport	VIE	-7/-6
马来西亚 Malaysia	吉隆坡 Kuala Lumpur	KUL	吉隆坡国际机场 Kuala Lumpur INT'L Airport	KUL	0

续表

国家	城市	城市三字代码	机场名称	机场三字代码	与北京时差 冬/夏（小时）
丹麦 Denmark	哥本哈根 Copenhagen	CPH	凯斯楚普机场 Kastrup Airport	CPH	-7/-6
菲律宾 Philippines	马尼拉 Manila	MNL	马尼拉国际机场 Manila INT'L Airport	MNL	0

附录五　世界时区知识

1. 世界时区的由来

在农业社会，人们通过观察太阳的位置（时角）决定时间。这就使得不同经度的地区的时间有所不同（地方时）。19 世纪随着长途铁路运输的发展，70 年代，加拿大铁路工程师弗莱明首次提出全世界按统一标准划分时区。1884 年，华盛顿子午线国际会议正式通过采纳这种时区划分，称为世界标准时制度。

规定将全球划分为 24 个时区（东、西各 12 个时区）。规定英国格林尼治天文台为"中时区"（零时区）、东 1~12 区，西 1~12 区。每个时区横跨经度 15 度，时间正好是 1 小时。最后的东、西第 12 区各跨经度 7.5 度，以东、西经 180 度为界。每个时区的中央经线上的时间就是这个时区内统一采用的时间，称为区时，相邻两个时区的时间相差 1 小时。

2. 理论时区和法定时区

根据标准时制度规定，理论时区以被 15 整除的［经线］为中心，向东西两侧延伸 7.5 度，即每 15°划分一个时区，这是理论时区。

但有些时区划分经线会落在不同国家，有的时区划分线会根据实际国界线而出现形状不规则的情况，而且比较大的国家以国家内部行政分界线为时区界线，这是实际时区，即法定时区。

3. 国际日期变更线

国际日期变更线（international date line），又名国际日界线、国际换日线或国际日期线。由于时区划分，在东经 180 度经线和西经 180 度经线相遇处，这条线的东西两边存在 24 小时的时间差，是不同的日期。为解决日期混乱，大致以 180 度经线作为日界线，同时兼顾国家行政划分，这一条基本上只经过太平洋表面的折线也绕过一些岛屿和海峡。

4. 格林尼治时间

格林尼治时间又称为格林尼治标准时间（Greenwich mean time, GMT），是指位于英国伦敦郊区的皇家格林尼治天文台当地的标准时间，因为本初子午线被定义为通过当地的经线。

5. 协调世界时

协调世界时（coordinated universal time，UTC），也被称为祖鲁时间 Zulu。它是最主要的世界时间标准，其以原子时秒长为基础，在时刻上尽量接近于格林尼治标准时间。

理论上，格林尼治标准时间的正午是指当太阳横穿格林尼治子午线时的时间。但由于地球在椭圆轨道的运动速度不均匀，这个时刻可能与实际的太阳时有误差，而且地球每天自转并不规则，正缓慢减速，最大误差达 16 分钟。

6. 夏时制

夏时制，又名夏令时，日光节约时制、日光节约时间（daylight saving time），是一种为节约能源而规定地方时间的制度，在这一制度实行期间所采用的统一时间称为"夏令时间"。在天亮较早的夏天人为将时间调快一小时，使人早起早睡，充分利用自然光照资源，从而节约能源消耗。各个采纳夏时制的国家具体规定不同。目前全世界有近 110 个国家每年实行夏令时，如英国、美国、俄罗斯、澳大利亚、欧盟、巴西、智利等国。

7. 世界主要城市时区（见附表 5-1）

附表 5-1　世界主要城市时区

国家	城市中文名	城市英文名	时区
希腊	雅典	Athens	+2
波兰	华沙	Warsaw	+2
匈牙利	布达佩斯	Budapest	+1
捷克	布拉格	Prague	+1
奥地利	维也纳	Vienna	
德国	柏林	Berlin	+1
	慕尼黑	Munich	
	法兰克福	Frankfurt	
丹麦	哥本哈根	Copenhagen	+1
挪威	奥斯陆		+1
瑞典	斯德哥尔摩	Stockholm	+1
芬兰	赫尔辛基	Helsinki	+2
瑞士	日内瓦	Geneva	+1
	苏黎世	Zurich	
荷兰	阿姆斯特丹	Amsterdam	+1
比利时	布鲁塞尔	Brussels	+1
挪威	奥斯陆	Oslo	+1
英国	伦敦	London	0
爱尔兰	都柏林	Dublin	0
法国	巴黎	Paris	+1

续表

国家	城市中文名	城市英文名	时区
西班牙	马德里	Madrid	0
	巴塞罗那	Barcelona	
葡萄牙	里斯本	Lisbon	0
意大利	罗马	Rome	+1
加拿大	多伦多	Toronto	−5
	渥太华	Ottawa	
	温哥华	Vancouver	
美国	纽约	New York	−5
	亚特兰大	Atlanta	−6
	洛杉矶	Los Angeles	−8
	旧金山	San Francisco	−8
	火奴鲁鲁	Honolulu	−10
古巴	哈瓦那	Havana	−5
牙买加	金斯顿	Kingston	−5
墨西哥	墨西哥城	Mexican city	−6
哥斯达黎加	圣何塞	San Jose	−5
哥伦比亚	圣菲波哥大	Santa Fe de Bogota	−5
智利	圣地亚哥	San Diego	−4
阿根廷	布宜诺斯艾利斯	Buenos Aires	−3
巴西	里约热内卢	Rio Janeiro	−3
	圣保罗	San Paulo	
埃及	开罗	Cairo	+2
坦桑尼亚	达累斯萨拉姆	Dar es Salaam	+3
利比亚	的黎波里	Tripoli	+1
肯尼亚	内罗毕	Nairobi	+3
赞比亚	卢萨卡	Lusaka	+2
埃塞俄比亚	亚的斯亚贝巴	Addis Ababa	+3
南非	开普敦	Cape town	+2
	约翰内斯堡	Johannesburg	
新西兰	奥克兰	Auckland	+12
澳大利亚	悉尼	Sydney	+10
	堪培拉	Canberra	
	墨尔本	Melbourne	
	柏斯	Perth	+8

续表

国家	城市中文名	城市英文名	时区
俄罗斯	莫斯科	Moscow	+3
	圣彼得堡	Saint	
乌克兰	基辅	Kyiv	+3
土耳其	伊斯坦布尔	Istanbul	+2
以色列	耶路撒冷	Jerusalem	+2
黎巴嫩	贝鲁特	Beirut	+2
约旦	安曼	Amman	+2
伊拉克	巴格达	Baghdad	+3
伊朗	德黑兰	Tehran	+3.5
阿拉伯联合酋长国	阿布扎比	Abu Dhabi	+4
	迪拜	Dubai	
阿富汗	喀布尔	Kabul	+4.5
巴基斯坦	卡拉奇	Karachi	+5
印度	孟买	Mumbai	+5.5
	新德里	New Delhi	
尼泊尔	加德满都	Kathmandu	+6
孟加拉国	达卡	Dhaka	+6
泰国	曼谷	Bangkok	+7
印度尼西亚	雅加达	Jakarta	+7
马来西亚	吉隆坡	Kuala Lumpur	+8
菲律宾	马尼拉	Manila	+8
中国	北京	Beijing	+8
	上海	Shanghai	
	广州	Guangzhou	
	香港	Hongkong	
	台北	Taipei	
	澳门	Macao	
韩国	首尔	Seoul	+9
日本	东京	Tokyo	+9

附录六 民航乘务工作专业术语（见附表6-1）

附表6-1 民航乘务工作专业术语

序号	专业术语	释义
1	飞行机组成员	是指飞行期间在飞机驾驶舱内执行任务的驾驶员和飞行机械员
2	机组成员	是指飞行期间在航空器上执行任务的航空人员，包括飞行机组成员和客舱乘务员
3	机组必需成员	为完成按民航相关规则运行符合最低配置要求的机组成员
4	机长	是指经合格证持有人指定，在飞行时间内对飞机的运行和安全负最终责任的驾驶员
5	客舱乘务员	出于对旅客安全的考虑，受合格证持有人指派在客舱执行值勤任务的机组成员
6	客舱乘务教员	指满足相应经历要求的，在航空公司经批准的训练大纲中承担客舱安全训练与教学任务的人员
7	客舱乘务检查员	指满足相应经历要求的，经局方认可，在航空公司经批准的训练大纲中履行航空公司客舱安全资格检查职责的航空检查人员
8	新雇员训练（依据R5标准）	指公司新雇佣的人员，或者已经雇佣但没有在客舱乘务员岗位上工作过的人员，在进入客舱乘务员工作岗位履行职责之前应完成的训练和资格审定过程中的一部分
9	初始训练	指未在公司客舱乘务员职位经审定合格并服务过的人员在进入客舱乘务员工作岗位履行职责之前应完成的训练和资格审定过程中的一部分
10	转机型训练	曾在相同组类不同型别飞机的相同职位上经审定合格并服务过的机组成员和飞行签派员需要进行的该飞机型训练
11	定期复训	已在特定飞机型别和特定工作岗位上经审定合格，但因某种原因失去资格的机组成员和飞行签派员，为恢复这一资格所应当进行的训练
12	差异训练	对于已在某一特定型别的飞机上经审定合格并服务过的机组成员和飞行签派员，当局方认为其使用的同型别飞机与原服务过的飞机在性能、设备或者操作程序等方面存在差异，需要进行补充性训练时应当完成的训练
13	双执照航空安全员	是指持有现行有效的中国民航局颁发的《航空安全员执照》《航空人员体检合格证》和公共航空运输承运人颁发的《中国民用航空客舱乘务员训练合格证》，并被聘用从事客舱运行和客舱安全保卫的航空人员
14	日历月	是指按照协调世界时UTC（coordinated universal time）或当地时间划分，从本月1日零点到下个月1日零点之间的时间段

续表

序号	专业术语	释义
15	飞行时间	是指飞机为准备起飞而借自身动力开始移动时起,直到飞机结束停止移动为止的时间
16	飞行关键阶段	是指正常情况下飞机滑行、起飞、着陆和(不含巡航高度)3 000米以下的飞行阶段
17	机上值班	长航线餐饮服务后,为保持乘务员的精力和体力而采取的轮换工作制度
18	安全检查	飞机在起飞、下降、着陆、颠簸或紧急情况下,为确认旅客及各种设施符合安全规定而进行的检查
19	清舱	旅客登机前,安全员和乘务员检查机上所有部位,确保机上无外来人、外来物; 旅客离机后,安全员和乘务员检查机上所有部位,确保机上无旅客及行李遗留
20	关封	海关官员使用的公文。常用信封封好后在航班起飞前交给乘务员,由乘务员在到达站后交给海关官员
21	旅客名单	列有旅客姓名、目的地、座位号等信息内容的舱单,通常由商务部门在飞机起飞前同业务袋一起送上飞机
22	核销单	机上免税品出售后填写的表格,用于海关核销进口免税品
23	航线图	标明飞机飞行航线、距离及地标的图示
24	航班	在规定的航线上,使用规定的机型,按规定的日期、时刻进行的运输飞行
25	载重平衡表	航班载运旅客、行李、邮件、货物和集装设备重量的记录,它是运输服务部门和机组之间、航线各站之间交接载量的凭证,也是统计实际发运量的根据,它记载着飞机各种重量数据
26	载重平衡图	以空机重心指数作为计算的起点,以确定飞机的起飞重心位置,并根据飞机重心位置的要求,妥善安排旅客在飞机上的座位和各货舱的装载量的填制图
27	随机业务文件袋	总申报单、旅客舱单、载重平衡、货运单及邮件路单等业务文件,客、货、邮舱等图
28	运行控制中心	航空公司的指挥核心,保证航空公司运行安全的中枢,一种较为先进的运行生产管理系统
29	飞机通信寻址和报告系统	简称ACARS,是一种基于VHF(甚高频)的空地双向数据通信系统,为航空公司空地、地地大流量数据通信提供服务,实现各种信息的交换
30	代码共享航班	旅客在全程旅行中有一段航程或全程航程是乘坐出票航空公司航班号但非出票航空公司承运的航班
31	机场控制区	根据安全需要,在机场内划定的进出需要限制的区域,机场控制区包括飞行区、航站楼内旅客隔离区及公安保卫工作需要控制的其他区域

205

续表

序号	专业术语	释义
32	安检工作区	安全检查人员在航站楼内的工作场所(包括验证、X光机、行李物品检查、开包检查、人身检查等使用的场地)和安检值班室等
33	客舱乘务员的合格要求	客舱乘务员应于12个日历月内,在局方批准的可服务的同一种机型上,至少已飞行2个航段,方可在此机型上担任客舱乘务员
34	乘务员舆情管理	未经许可,乘务员不得以公司立场对外发言,与人谈话内容不得涉及公司及国家机密,不允许评论所驻地的政治、宗教等敏感问题,不应在旅客或其他公众人士面前讨论与飞行安全有关的事宜;未经公司或相关管理部门的批准,不得擅自代表公司或使用公司名义进行以下行为:发表议论、文章、照片,公布公司运行记录、信息和商业信息;参加其他航空公司举行与营运或运行资格批准有关的技术业务交流会议或相关活动;参加飞机制造及相关厂家举办的与航空产品有关的商业营销和技术交流活动;以及在任何运行法律文件、账单、服务费用单等材料上签字
35	客舱乘务员服务机型数量	客舱乘务员服务机型数量应当不超过3种;同一飞行值勤期内客舱乘务员所服务机型不超过2种
36	值勤期	是指客舱乘务员在接受安排的飞行任务后(包括飞行、调机、转场等),从为完成该次任务而到指定地点报到的时刻开始,到飞机在最后一次飞行后发动机关车且飞机组没有再次移动飞机的意向为止的时间段。一个飞行值勤期还可能包括客舱乘务员在某一段航程前或航段之间代表公司执行的其他任务,但没有必要休息期的情况(如:加机组positioning、主备份standby等发生在某一航段前或航段之间但没有安排必要的休息期);在一个值勤期内如客舱乘务员能在适宜的住宿场所得到休息,该休息时间可以不计入该飞行值勤期的值勤时间
37	休息期	是指从客舱乘务员到达休息地点起,到为执行下一次任务离开休息地点为止的连续时间段
38	主备份	是指客舱乘务员根据公司要求,在公司指定的地点随时等待可能的任务
39	加机组、置位	是指客舱乘务员根据公司要求,为完成指派的飞行任务,作为乘员乘坐飞机或地面交通工具,但不包括其往返当地适宜的住宿场所的交通;置位属于值勤,置位时间不能作为休息时间
40	累积飞行时间、值勤时间限制	公司不得为客舱乘务员安排、客舱乘务员也不得接受超过以下规定限制的累积飞行时间和飞行值勤期限制: 1. 任何连续7个日历日,飞行值勤期不超过70小时; 2. 任一日历月,飞行值勤期不超过230小时; 3. 任一日历月,累积飞行时间不超过100小时; 4. 任一日历年,累积飞行时间不超过1 100小时。

附录七 乘务专业英文代码（见附表7-1）

附表7-1 乘务专业英文代码

序号	英文代码	英文全称	中文全称
1	AAP	Additional attendant pane	附加乘务员面板
2	AC, A/C	Aircraft	飞机
3	ACARS	Aircraft communications addressing and reporting system	飞机通信寻址和报告系统
4	ACP	Area call panel	区域呼叫面板
5	Aft	Rear afterward	后部
6	AIP	Attendant indication panel	乘务员指示面板
7	ALT	Altitude	海拔高度
8	AOC	Airplane operation control	运行控制中心
9	APU	Auxiliary power units	辅助动力装置
10	ARPT	Airport	机场
11	ARMD	Armed	预位
12	ATC	Air traffic control	空中交通管制
13	AWY	Airway	航线
14	B/C, BC	Business class	商务舱
15	BCRC	Bulk crew rest compartment	乘务员休息室（机上）
16	BGM	Background music	背景音乐
17	BRT	Bright	明亮
18	C	Commercial/business class	公务舱
19	CAB	Cabin	客舱
20	CACP	Cabin area control panel	客舱区域控制面板
21	C/B	Circuit breaker	跳开关
22	C/L	Check list	检查单
23	CA	Cabin attendant	客舱乘务员
24	CAPT	Captain	机长
25	CAUT	Caution	警告
26	CCOM	Cabin crew operation manual	客舱机组操作手册

续表

序号	英文代码	英文全称	中文全称
27	CF	Chief purser	主任乘务长
28	CIDS	Cabin intercommunication data system	客舱内部通信数据系统
29	CM	Crew member	机组成员
30	CSCP	Cabin system control panel	客舱系统控制面板
31	EMER	Emergency	紧急
32	ENG	Engine	引擎、发动机
33	EVAC	Evacuate	撤离
34	F	First class	头等舱
35	F/A	First aid kit	急救包
36	FS	First class stewardess	头等舱乘务员
37	FAP	Forward attendant panel	前舱乘务员面板
38	FCOM	Flight crew operation manual	飞行机组操作手册
39	FLT	Flight	航班
40	FWD	Forward	前部,向前
41	INT	Inter phone	内话
42	L/G	Landing gear	起落架
43	LSU	Lavatory service unit	洗手间服务组件
44	OXY	Oxygen	氧气
45	PA	Passenger announcement	旅客广播
46	PBE	Protective breathing equipment	保护式呼吸装置
47	PCU	Passenger control unit	旅客控制组件
48	PS	Purser	乘务长
49	PSU	Passenger service unit	旅客服务组件
50	PTT	Push to talk	按键通话
51	PWR	Power	动力,电源
52	RTF	Return to field	返回机场
53	RTO	Rejected take off	中断起飞
54	SG	Security guard	航空安全员
55	STBY	Standby	备用,备份
56	Y	Economy class	经济舱

附录八　旅客行李运输规定

一、行李运输限制　Baggage Transport Restrictions

根据国际民航组织《危险物品安全航空运输技术细则》和国际航空运输协会《危险品规则》以及国航有关规定,下列物品不得作为行李或夹入行李内托运,也不得作为非托运行李带入客舱运输。

1. 爆炸或者燃烧的物质与装置　Explosive or Flammable Substances and Devices

能够造成人身严重伤害或者危及航空器安全的爆炸或燃烧装置(物质)或者可能被误认为是此类装置(物质)的物品,主要包括:

A. 弹药,如炸弹、手榴弹、照明弹、燃烧弹、烟幕弹、信号弹、催泪弹、毒气弹、子弹(铅弹、空包弹、教练弹)。

B. 爆破器材,如炸药、雷管、引信、起爆管、导火索、导爆索、爆破剂。

C. 烟火制品,如烟花爆竹、烟饼、黄烟、礼花弹。

D. 上述物品的仿真品。

2. 危险物品　Dangerous Goods

A. 压缩气体和液化气体,如氢气、甲烷、乙烷、丁烷、天然气、乙烯、丙烯、乙炔(溶于介质的)、一氧化碳、液化石油气、氟利昂、氧气、二氧化碳、水煤气、打火机燃料及打火机用液化气体。

B. 自燃物品,如黄磷、白磷、硝化纤维(含胶片)、油纸及其制品。

C. 遇湿易燃物品,如金属钾、钠、锂、碳化钙(电石)、镁铝粉。

D. 易燃液体,如汽油、煤油、柴油、苯、乙醇(酒精)、丙酮、乙醚、油漆、稀料、松香油及含易燃溶剂制品。

E. 易燃固体,如红磷、闪光粉、固体酒精、赛璐珞、发泡剂。

F. 氧化剂和有机过氧化物,如高锰酸钾、氯酸钾、过氧化钠、过氧化钾、过氧化铅、过氧乙酸、过氧化氢。

G. 毒害品,如氰化物、砒霜、剧毒农药等剧毒化学品。

H. 腐蚀性物品,如硫酸、盐酸、硝酸、氢氧化钠、氢氧化钾、汞(水银)。

I. 放射性物品,如放射性同位素。

3. 枪支(含主要零部件)　Firearms or Weapons and Their Parts

A. 军用枪、公务用枪:手枪、步枪、冲锋枪、机枪、防暴枪等。

B. 民用枪:气枪、猎枪、射击运动枪、麻醉注射枪等。

C. 其他枪支:道具枪、发令枪、钢珠枪、境外枪支以及各类非法制造的枪支。

D. 上述A~C项枪支的仿真品。

4. 管制器具　Controlled Knives

A. 管制刀具,如匕首(带有刀柄、刀格和血槽,刀尖角度小于60度的单刃、双刃或多刃尖刀)、三棱刮刀(具有三个刀刃的机械加工用刀具)、带有自锁装置的弹簧刀或跳刀(刀身展开或弹出后,可被刀柄内的弹簧或卡锁固定自锁的折叠刀具)、其他相类似的单刃双刃三棱尖刀(刀尖角度小于60度刀身长度超过150毫米的各类单刃、双刃、多刃刀具)以及其他刀尖角度大于60度刀身长度超过220毫米的各类单刃、双刃、多刃刀具。

  B. 军警械具,如警棍、警用电击器、军用或警用的匕首、手铐、拇指铐、脚镣、催泪喷射器。

  C. 其他属于国家规定的管制器具,如弩。

 5. 其他能够造成人身伤害或者对航空安全和运输秩序构成较大危害的物品

主要包括:

  A. 传染病病原体,如乙肝病毒、炭疽杆菌、结核杆菌、艾滋病病毒。

  B. 火种(包括各类点火装置),如打火机、火柴、点烟器、镁棒(打火石)。

  C. 额定能量超过 160 Wh 的充电宝、锂电池,以及锂电池驱动的电动车,如平衡车、滑板车、自行车等(残疾人使用的电动轮椅及其使用的锂电池另有规定)。

  D. 酒精体积百分含量大于 70% 的酒精饮料。

  E. 强磁化物、有强烈刺激性气味或者容易引起旅客恐慌情绪的物品以及不能判明性质可能具有危险性的物品。

 6. 其他　Others

  A. 活体动物(另有规定的除外,如可作为宠物运输的猫、犬)。

  B. 带有明显异味的鲜活易腐物品(如榴梿等)。

  C. 中华人民共和国或者运输过程中有关国家法律规定禁止出境、入境或者过境的物品。

  D. 包装、形状、重量、体积或者性质不适宜运输的物品。

  E. 国家法律、行政法规、规章规定的其他禁止运输的物品。

  F. 自加热食品(如自加热火锅、自加热懒人火锅)。

  G. 三星 Galaxy Note 7 手机。

二、托运行李　Checked Baggage

行李是指旅客在旅行中为穿着、使用、舒适或便利而携带的必要或适量的物品和其他个人财物。托运行李是指旅客交由航空公司负责照管和运输,并出具行李牌的行李。

 1. 包装的一般要求　General Baggage Packing Requirements

为了确保托运行李的安全运输,您的托运行李必须包装完善、锁扣完好、捆扎牢固,能承受一定的压力,并应符合下列条件:

  A. 行李应锁好(有特殊要求除外)。

  B. 行李外部不得附插其他物品。

  C. 两件(含)以上行李不得捆为一件行李托运。

  D. 竹篮、网兜、草绳、塑料袋等不能作为行李外包装物。

  E. 托运行李上附加信息卡,内容包含但不限于旅客的姓名及联系电话,以便需要时,航空公司可以第一时间和旅客取得联系。

 2. 托运行李的限制　Checked Baggage Restrictions

  A. 每件行李的尺寸限制(baggage size limit)。每件托运行李的长、宽、高三边之和须大于或等于60厘米或24英寸,且小于或等于203厘米或80英寸,包括滑轮和把手。

B. 每件免费托运行李的尺寸限制(size limit of checked baggage with free allowance)。

国内航班每件免费托运行李的长、宽、高的限制分别为100厘米或39英寸、60厘米或24英寸、40厘米或16英寸。

国际/地区航班每件免费托运行李的长、宽、高三边之和不得超过158厘米或62英寸,包括滑轮和把手。

超过上述尺寸限制的托运行李,须支付超限额行李费用。

构成国际运输的国内航班,托运行李的尺寸限制按照国际/地区航班托运行李尺寸限制执行。

C. 每件行李的重量限制(weight limit)。

每件托运行李重量不得小于2千克或4磅。

每件托运行李最大重量不得超过32千克或70磅。

以上行李的重量限制并非免费行李额,您需要为超过免费行李额的部分支付超限额行李费用。

超过以上行李重量限制的行李,不得作为行李运输。应将行李拆开分装以确保符合规定,或按照货物运输。

3. 免费行李限额　Free Baggage Allowance

(略)

4. 一般托运行李逾重收费标准　Overweight Checked Baggage Charge

A. 国内运输计重制[charge on weight basis(domestic)]。每件普通托运行李逾重费率:以每公斤按逾重行李票填开当日所适用的直达航班经济舱普通票价的1.5%计算,以人民币元为单位,尾数四舍五入。

B. 国际运输计件制[charge on piece basis(international)]。

a. 在行李托运处使用的货币将用于计算整个行程的费用:人民币适用于在中国境内始发航站的行李托运;欧元适用于在欧元区始发航站的行李托运;加元适用于在加拿大始发航站的行李托运;美元适用于所有非上述国家的行李托运,境外非美元销售单位在收取超限额行李费时,应按照当日汇率将美元转换成当地货币收取。

b. 托运行李件数限制:每位旅客托运行李数量没有最大数量限制(包括普通行李和特殊行李)。每位旅客如需托运客票填开的免费托运行李限额、会员权益之外的第七件及以上额外付费行李(包括普通行李和特殊行李),须提前向航空公司营业部/航站申请,在航班载量许可的情况下方可允许托运。同时,航空公司不承诺以上行李与旅客同机到达目的地。

c. IATA国际航空运输协会将全球分为三区,其中一区:北美和南美大陆及其附近岛屿,格林兰,百慕大、西印度群岛和加勒比海各岛屿,夏威夷岛(包括中途岛和巴尔米拉岛);二区:欧洲、非洲及其附属岛屿,阿森松岛和乌拉尔山以西的亚洲部分,包括伊朗和中东;三区:亚洲及其附属岛屿(除去已包括在二区的部分),东印度地区,澳大利亚,新西兰和太平洋岛屿(除去已包括在一区的部分)。

附表8-1为国航使用的计件制收费标准。

附表 8-1　国航使用的计件制收费标准

旅客类别		成人/儿童						婴儿	
		头等舱		公务舱		经济舱		所有舱位	
	舱位	重量	体积	重量	体积	重量	体积	重量	体积
计重制	中国大陆境内	40千克	100厘米×60厘米×40厘米	30千克	100厘米×60厘米×40厘米	20千克	100厘米×60厘米×40厘米	10千克	100厘米×60厘米×40厘米
计件制	IATA一区与二区、三区之间	2件,32千克/件	每件三边和<158厘米	2件,32千克/件	每件三边和<158厘米	2件,23千克/件	每件三边和<158厘米	1件,23千克/件	每件三边和<115厘米
	中国大陆境内与IATA一区、二区、三区之间 日本经中国大陆与IATA一区、二区、三区之间(仅限全程为国航航班)								
	区域 IATA二区与三区之间	2件,32千克/件	每件三边和<158厘米	2件,32千克/件	每件三边和<158厘米	1件,23千克/件	每件三边和<158厘米	1件,23千克/件	每件三边和<115厘米
	区域 IATA二区内、三区内(除中国大陆境内)								

5. 有特殊运输要求的行李　Special Baggage Transport

特殊行李,是指作为行李托运的小动物、竞技体育比赛中使用的各种器械装备及用品、小型电器、仪器及媒体设备、渔具、无法放置在一般托运行李包装中需单独包装运输的乐器及水产品。

此类型行李在运输时,在预定程序、行李包装、计费类型上有些许不同,需提前联系航空公司确认。

6. 特殊行李逾重收费标准(见附表8-2)　Over Weight Special Baggage Charge

附表8-2　特殊行李逾重收费标准

类别	特殊行李名称	是否计入免费托运行李限额	费用				
			计重制	计件制			
				重量限制	费用标准	
					人民币	美元
1. 可免费运输的特殊行李	电动轮椅、电动代步工具、手动折叠轮椅、机械假肢及专用小型气瓶、心脏起搏器或其他植入人体的装置、便携式氧气浓缩器(POC)、持续正压呼吸机(CPAP)、其他内含锂电池的辅助设备等。[详见备注(4)]	否	—	—	—	—
	折叠式婴儿车或摇篮或婴儿汽车安全座椅。[详见备注(5)]	是				
	服务犬(经过专门训练为残疾人生活和工作提供协助的特种犬,包括:导盲犬、助听犬、辅助犬)	否				
2. 运动器械器具	高尔夫球包、保龄球、滑翔伞/降落伞、滑雪/滑水用具(不包括雪橇/水橇)、轮滑/滑板用具、潜水用具、射箭用具、曲棍球用具、冰球用具、网球用具、登山用具、自行车	是	只按重量计算费用,超出免费行李额(重量)部分,按实际超出重量收取超限额行李费	超出免费行李额(件数、重量)部分,须按《国航实际承运航班普通托运行李超限额收费标准一览表》中对应标准收取相应费用。超尺寸不另行收费		

213

续表

类别	特殊行李名称	是否计入免费托运行李限额	费用 计重制	计件制 重量限制	费用标准 人民币	美元
2.运动器械器具	皮划艇/独木舟、悬挂式滑翔运动用具、雪橇/水橇、冲浪板、风帆冲浪用具、橡皮艇或船	否	只按重量计算费用，依据实际重量收取行李费	每件 2千克≤W≤23千克	2 600	400
				每件 23千克<W≤32千克	3 900	600
				每件 32千克<W≤45千克	5 200	800
	撑杆、标枪、单独包装的划船用具或桨、骑马用具	否	只按重量计算费用，依据实际重量收取行李费	每件 2千克≤W≤23千克	1 300	200
				每件 23千克<W≤32千克	2 600	400
				每件 32千克<W≤45千克	3 900	600
3.其他	睡袋、背包、野营用具、渔具、乐器、辅助设备（非残疾、伤、病旅客托运）、可折叠婴儿床、可折叠婴儿车或婴儿摇篮或婴儿汽车安全座椅（非婴儿旅客托运）	是	只按重量计算费用，超出免费托运行李限额（重量）部分，按实际超出重量收取超限额行李费	超出免费托运行李限额（件数、重量）部分，须按《国航实际承运航班普通托运行李超限额收费标准一览表》中对应标准收取相应费用。超尺寸不另行收费		
	小型电器或仪器、媒体设备	否	只按重量计算费用，依据实际重量收取行李费	每件 2千克≤W≤23千克	490	75
				每件 23千克<W≤32千克	3 900	600

续表

类别	特殊行李名称	是否计入免费托运行李限额	费用 计重制	费用 计件制 重量限制	费用 计件制 费用标准 人民币	费用 计件制 费用标准 美元
3.其他	可作为行李运输的枪支	否	只按重量计算费用,依据实际重量收取行李费	每件 2 千克≤W≤23 千克	1 300	200
3.其他	可作为行李运输的枪支	否	只按重量计算费用,依据实际重量收取行李费	每件 23 千克＜W≤32 千克	2 600	400
3.其他	可作为行李运输的子弹	否	只按重量计算费用,依据实际重量收取行李费	每件 2 千克≤W≤5 千克	1 300	200
3.其他	小动物(仅限家庭驯养的猫、狗) 注:每个容器的总重量(包括其中的小动物及水与食物的重量)	否	只按重量计算费用,依据实际重量收取行李费	每个容器 2 千克≤W≤8 千克	3 900	600
3.其他	小动物(仅限家庭驯养的猫、狗) 注:每个容器的总重量(包括其中的小动物及水与食物的重量)	否	只按重量计算费用,依据实际重量收取行李费	每个容器 8 千克＜W≤23 千克	5 200	800
3.其他	小动物(仅限家庭驯养的猫、狗) 注:每个容器的总重量(包括其中的小动物及水与食物的重量)	否	只按重量计算费用,依据实际重量收取行李费	每个容器 23 千克＜W≤32 千克	7 800	1 200
备注	(1) 特殊行李收运须符合《旅客行李运输服务手册》相关标准,否则必须作为货物运输。 (2) 未在本标准里列明的特殊行李,可与普通托运行李合并计算,超出免费托运行李限额部分,按照普通托运行李超限额收费标准收取费用。 (3) 托运行李件数限制:每位旅客托运行李数量没有最大数量限制(包括普通行李和特殊行李)。每位旅客如需托运客票填开的免费托运行李限额、会员权益之外的第七件及以上额外付费行李(包括普通行李和特殊行李),须提前向营业部/航站申请,在航班载量许可的情况下方可允许托运。同时,不承诺以上行李与旅客同机到达目的地,请各营业部/航站做好旅客沟通。 (4) 残疾、伤、病旅客在美国航线免费托运轮椅的数量没有限制,其他航线可免费托运的电动轮椅或电动代步工具或手动折叠轮椅合计不超过 2 部。除此之外,还可运输 1 件辅助设备,包括但不限于机械假肢及专用小型气瓶、心脏起搏器或其他植入人体的装置、便携式氧气浓缩器(POC)、持续正压呼吸机(CPAP)、其他内含锂电池的辅助设备等。 (5) 婴儿旅客(无论何种舱位)可免费托运一件折叠式婴儿车或摇篮或婴儿汽车安全座椅					

三、非托运行李,随身行李　Unchecked Baggage, Carry-on Baggage

带入客舱的随身行李有最大体积和/或重量和/或数量以及物品种类的限制。如随身

行李及物品出现下列任意一种情况时:

A. 超出下列所示的随身行李、物品标准要求。

B. 不能放置在航空器客舱上方的封闭式行李架内,或放置在旅客的前排座椅下。

C. 出于对航空安全方面的考虑,不能随身携带。

则旅客的随身行李或物品将在候机、登机时被转托运,根据相关安全规定及机场要求,此部分行李或物品将重新进行安全检查,由此或导致无法同班运输。

① 随身行李标准见附表8-3。

附表8-3　随身行李标准

舱位级别	行李数量上限	每件行李重量上限	每件行李三边尺寸
头等舱	2件	8千克(17磅)	每件随身携带物品长、宽、高三边分别不得超过55厘米(22英寸)、40厘米(16英寸)、20厘米(8英寸)
公务舱	2件	8千克(17磅)	
超级经济舱	1件	5千克(11磅)	
经济舱	1件	5千克(11磅)	

② 除上述随身行李之外,每位旅客还可免费携带以下随身物品:

可以免费携带1件可以放置在旅客的前排座椅下方的随身物品,如手提包、公文包、手提电脑包、相机包或其他类似尺寸或更小的物品。

携带婴儿的旅客还可以携带在航班上喂食婴儿的食品、婴儿使用的纸尿裤;一辆可带入客舱的便携式可折叠婴儿车,折叠后长、宽、高分别不超过55厘米(22英寸)、40厘米(16英寸)、20厘米(8英寸),超过上述尺寸的婴儿车须作为托运行李运输。

除安全原因外,航班上残疾、伤、病等行动不便的旅客所持的拐杖、假肢、电子耳蜗、助听器、盲杖、盲镜、助视器、折叠手动轮椅等小型的在旅途中随时要用到的辅助设备,可带入客舱。客舱内没有存放设施或空间的,可免费托运。

参考文献 References

[1] 中国就业培训技术指导中心.国家职业技能标准4-02-04-01(民航乘务员)(2019年版)[S].北京:中国劳动社会保障出版社,2020.

[2] 中国民用航空局职业技能鉴定指导中心.民航行业特有工种职业技能鉴定培训教材(民航乘务员)(2020年版)[M].北京:中国民航出版社,2021.

[3] 綦琦,杨芳.值机业务与行李运输实务[M].3版.北京:电子工业出版社,2021.

[4] 梁秀荣,郝玉萍.民航乘务模拟舱服务[M].北京:中国民航出版社,2015.

[5] 何梅.民航客舱服务实务[M].北京:电子工业出版社,2021.

[6] 杨长进,毕研博.客舱服务[M].北京:航空工业出版社,2016.

郑重声明

高等教育出版社依法对本书享有专有出版权。任何未经许可的复制、销售行为均违反《中华人民共和国著作权法》，其行为人将承担相应的民事责任和行政责任；构成犯罪的，将被依法追究刑事责任。为了维护市场秩序，保护读者的合法权益，避免读者误用盗版书造成不良后果，我社将配合行政执法部门和司法机关对违法犯罪的单位和个人进行严厉打击。社会各界人士如发现上述侵权行为，希望及时举报，我社将奖励举报有功人员。

反盗版举报电话　　(010) 58581999　58582371
反盗版举报邮箱　　dd@hep.com.cn
通信地址　　北京市西城区德外大街 4 号　高等教育出版社法律事务部
邮政编码　　100120

读者意见反馈

为收集对教材的意见建议，进一步完善教材编写并做好服务工作，读者可将对本教材的意见建议通过如下渠道反馈至我社。

咨询电话　　400-810-0598
反馈邮箱　　gjdzfwb@pub.hep.cn
通信地址　　北京市朝阳区惠新东街 4 号富盛大厦 1 座
　　　　　　高等教育出版社总编辑办公室
邮政编码　　100029